| 中 国 学 校 教 育 探 索 丛 书 |

引领·关怀·启发·激励

北京师范大学附属中学新时代德育探索

YINLING GUANHUAI QIFA JILI

BEIJING SHIFAN DAXUE FUSHU ZHONGXUE

XINSHIDAI DEYU TANSUO

况　莉 /主编

北京师范大学出版集团
BEIJING NORMAL UNIVERSITY PUBLISHING GROUP
北京师范大学出版社

图书在版编目（CIP）数据

引领·关怀·启发·激励：北京师范大学附属中学新时代德育探索/况莉主编.—北京：北京师范大学出版社，2021.10（2022.6重印）
ISBN 978-7-303-27253-2

I.①引… II.①况… III.①德育－教学研究－中学 IV.①G631

中国版本图书馆 CIP 数据核字（2021）第 185264 号

营 销 中 心 电 话　010-58802135　010-58802786
北师大出版社教师教育分社微信公众号　京师教师教育

出版发行：北京师范大学出版社　www.bnup.com
　　　　　北京市西城区新街口外大街 12-3 号
　　　　　邮政编码：100088
印　　刷：北京盛通印刷股份有限公司
经　　销：全国新华书店
开　　本：787 mm×1092 mm　1/16
印　　张：18
字　　数：240 千字
版　　次：2021 年 10 月第 1 版
印　　次：2022 年 6 月第 2 次印刷
定　　价：65.00 元

策划编辑：冯谦益　　　　　责任编辑：王剑虹　冯谦益
美术编辑：焦　丽　　　　　装帧设计：李向昕
责任校对：张亚丽　　　　　责任印制：马　洁

序

林崇德

国无德不兴，人无德不立。我当了近 60 年教师，深深地体会到"德"的重要性。欲成一流人才，先塑一流人品。我们北京师范大学附属中学①是一所始建于 1901 年的名校，培养了诸多如钱学森先生这样的名家，学校的校训"诚、爱、勤、勇"包含着深厚德育的底蕴。此次，北京师大附中在北京师范大学出版社出版了颇具特色的文集《引领·关怀·启发·激励——北京师范大学附属中学新时代德育探索》，这是一部值得一读的经验之作、理论之作和创新之作。北京师大附中为加强德育，提出了"引领、关怀、启发、激励"八字纲领，这既是德育的指导思想，又是德育的目标和内容，也是德育的途径和方法。

这部著作荟萃了 44 位老师的 51 篇文章，是老师们多年德育实践的智慧与感悟。各章节由学校主管德育的副校长梁原草撰写的文章率领，突出了"立德树人"的主线，构成了全书的五个部分：点燃理想信念之火、用优秀的文化滋养学子生命、把成长的主动权交给学子、赋予学子心灵成长的力量、让美融入学子灵魂。这五个部分凸显了全书的四个特点：

第一，本书从北京师大附中"全人格，高素质"的培养目标出

---

① 后文简称"北京师大附中"。

发，论述了学校坚持培养学生树立爱党、爱国、爱人民的思想，增强学生的国家意识和社会责任意识，培养其良好的思想政治素质、道德修养、法治意识和行为习惯，培养其积极、健康的人格和良好的心理品质，努力为学生一生奠定坚实的思想基础和世界观、人生观、价值观的优秀理念。北京师大附中充分重视发挥德育的功能，这与教育部于2017年颁布的《中小学德育工作指南》提出的德育目标是完全一致的。

第二，本书从北京师大附中提出独具特色的"四有"（有梦想、有教养、有境界、有担当）目标出发，论述了学校坚持联系社会生活实际，培养学生道德理想、道德情感和道德行为，在传授知识和技能的同时培养学生有利于社会公共福利的品质和才能，以及在日常中一步步培养学生自主管理能力的实践探索。同时，本书展现了学校在德育常规管理，尤其在文明礼貌、校园秩序等方面具有的"育人问题无大小"思路，以及学校处处培养学生发展的必备品格和关键能力的做法。中共中央、国务院于2019年印发的《中国教育现代化2035》中强调要明确学生发展核心素养，北京师大附中出版的这本德育文集，就说明了学校已经把中国学生发展核心素养之文化基础、社会参与和自主发展落到了实处。

第三，"引领·关怀·启发·激励"展现了北京师大附中的德育方法和途径。"引领"体现了教与学的关系，学校坚持教师价值观引领和学生学习活动相统一，并把班集体建设、学生自主管理、思想政治课、其他学科教学、心理健康教育和美育教育等方面都作为德育的基地；"关怀"则体现了师爱，学校把建立良好师生关系作为德育的情感基础；"启发"体现了学校的教育方式，学校把以学生年龄特征和现有发展水平为基础循序育人，作为开展德育工作的突破口；"激励"则是学校获得优秀结果的一种手段，梁原草副校长要求学校越来越好，一年比一年好，即学校德育的总体面貌明天比今天好，下个月比这个月好，下学期比上学期好，高年级比低年级好，高中比初中好，这其中"激励"的作用不言而喻。总之，学生在北京师大附中受教育的时间越长，在各个方面呈现的进步就会越大，就越会呈现整体的上升发展。

第四，书中的一篇篇生动活泼、发人深思的教育文章，令北京师大附中的师德、师风面貌一览无余。本书既展现了教师做好学生德育工作的方式，又呈现了教师爱岗敬业、关爱学生、严谨治学、为人师表的风貌。师德是深厚的知识修养和文化品位的体现，育人的根本在于立德。

德育的根基在教师。"吐辞为经，举足为法"，教师是学生的楷模，是学生模仿的榜样，在某种程度上，有什么样的教师往往就有什么样的学生。北京师大附中的德育之所以有所成就，正是得益于从学校领导到每位教师以德施教、以德立身的言传身教。

我衷心地希望广大读者，尤其是中小学老师能喜欢这本书，更希望大家围绕中小学德育工作展开热烈的讨论，以推进我国中小学德育事业的发展。

是为序。

2021 年 5 月 12 日

于北京师范大学

目　录

点燃理想信念之火

用优秀的文化滋养学子生命

把成长的主动权交给学子

赋予学子心灵成长的力量

让美融入学子灵魂

点燃理想信念之火

壮丽七十年，最美中国路

梁原草

老师们，同学们！

再过几天就是中华人民共和国成立 70 周年的大喜日子，咱们学校的师生也和全国人民一起沉浸在喜庆当中。 刚才在来上班的路上，我看到路旁有一条标语：中国的今天是中国人民干出来的。 这个话说得直截了当，特别质朴，也非常正确。 中国能有今天，确实是中国人民"干"出来的。但是我想，中华文明上下五千年，中国人民一直勤劳、勇敢、善良，也一直在奋斗，怎么以前就没有今天的景况呢？ 这很自然让我想到这样一个问题：70 年前成立中华人民共和国，对于中华民族的意义是什么？ 对我们所有人意味着什么？ 和我们每一个人有什么关系？ 今天我想跟大家分享一下我对这些问题的思考。

著名学者李君如指出，评价中华人民共和国走过的七十年道路时，须有两个"放入"：第一要把它放入从鸦片战争以来的历史进程当中去考察，第二要把它放入 1921 年以来直到今天近百年的历史进程中去考察。这一思想，令我们深受启发。

我觉得，如果要认识中华人民共和国成立的意义和作用，认识它对于我们每一个人所产生的影响，我们就要把它放到更长远的历史语境当中去考察。 我甚至认为，可以从鸦片战争再往前，上溯到 15—17 世纪，看一看那时世界的格局，看一看中国在那时的世界格局当中是一个什么样的地位和处境，再来认识中华人民共和国成立的意义。

那么，从鸦片战争往前推几个世纪，世界局势是什么样子的呢？中国的处境又是怎样的呢？大家知道我们国家的近代史是从鸦片战争开始的，但是世界的近代史比中国要早。虽然说法不一，但是大致从 15 世纪开始，是比较有共识的说法。到鸦片战争发生的时候，西方已经在全世界建立起了一个殖民体系。英国为什么对中国发动鸦片战争？就是妄图把中国也变成它的殖民地。而我们中国呢？大家知道，我们从明朝中后期开始衰落，直到晚清。衰落到一个什么程度？衰落到世界列强，甚至是任何一个国家，包括很不起眼的小国都可能会欺负中国，都会迫使中国签订不平等条约。但是，中华民族具有反抗精神，一代代仁人志士不停地反抗、探索，想找到一条道路，以救亡图存，让民族自由独立、国家富强、人民幸福。可以说很多方式都尝试过，一直到后来孙中山领导的辛亥革命。但是这些探索都以失败告终，中国还是积贫积弱、任人宰割，人民还是处在水深火热之中。就是在这种背景下，开天辟地，中国共产党诞生了！

中国共产党诞生之后的 28 年，做了什么？从确立以农村包围城市，武装夺取政权的道路开始，甚至更早——从北伐战争开始，经历过土地革命战争、抗日战争、解放战争，直到 1949 年，经过 28 年艰苦卓绝的奋斗，终于成立中华人民共和国。这两天我看到一个材料，那里面有几句话，大致是这样说的：中华人民共和国的建立，彻底结束了中国半殖民地半封建的历史，彻底结束了旧中国一盘散沙的局面，彻底废除了西方列强强加在中国人民身上的不平等条约和帝国主义在中国的一切特权，实现了中国由封建专制向人民民主过渡的历史飞跃。

这样的概括，同学们可能还是觉得抽象，那我再说一说中华人民共和国成立之后中国共产党领导全国人民干了哪些事情。大家知道，我们 1949 年建立中华人民共和国，1950 年，美国就在朝鲜半岛发动侵略战争，这时候中国刚刚经历长期战争创伤，满目疮痍，但中国人民志愿军还是雄赳赳、气昂昂地跨过鸭绿江，进行抗美援朝，保家卫国，把美帝国主义从鸭绿江边赶回"三八线"。从此我们才真正站稳了脚跟，之后是完成三大改造，完成第一个五年计划，而且建立起了完整的工业体系和国民经济体系。这是非常了不起的事情！要知道中华人民共和国刚成立的时候，我们什么都造不出来。还记得我小时候，我们日常生活中的很多东西的名字都有一个"洋"字。比方说，我们常见的铁钉，叫"洋钉"，我们做衣服的布叫"洋布"，吃饭用的碗叫"洋碗"，点灯用的油叫"洋油"……这表明我们曾经都造不出来它们。我们也仅仅用一二十年时间，搞出来"两弹一星"，造出了核潜艇、万吨轮，研究出了杂交水稻，制出了汉字信息处理系统，还有大家都知道的人工合成牛胰岛素、青蒿素等。这些成果有的获得了诺贝尔奖，没获奖的有的也不低于诺贝尔奖的水平。中华人民共和国成立后的前30年，从思想上、理论上、制度上、物质上积累了正反两个方面的经验，为改革开放做好了准备。改革开放后40年的成就自然更不用说了，各方面的辉煌成就让我们倍感自豪！

中华人民共和国的建立，标志着中华民族找到了一条正确道路，即社会主义的道路。正是这条光明之路，使得我们今天能够出现这样的标语——中国的今天是中国人民干出来的！讲到这里，我突然想到了一首歌，现在把歌词分享给大家：万水千山不忘来时路，鲜血浇灌出花开的国度。生死相依只为了那一句承诺，报答你是我唯一的倾诉。树高千尺根深在沃土，你是大地给我万般呵护。生生不息只为了那一份托付，无惧风雨迎来新日出。你是我的一切我的全部，向往你的向往，幸福你的幸福。不忘初心，继续前进，万水千山，最美中国道路！

绿色军营，火样青春

况　莉

　　每年的 8 月，在中国人民解放军陆军步兵学院石家庄校区（原石家庄陆军学院）那一眼望不到边的广场上，学生们排着整齐的队伍，迈着有力的步伐，精神抖擞地从阅兵台前踏过。音乐停止，整齐的脚步声响起，巨大的绿色方阵迅速移动到了主席台前方的草坪上。"格斗准备——哈！"学生们英姿飒爽、喊声震天。阅兵台上"北京师大附中军训闭营式汇报表演"的红色横幅与其后方大礼堂屋顶上"当太行铁骑，做抗大传人"的红色钢制大字遥相呼应，在烈日下熠熠闪光。

　　这样的场景，自 1987 年以来几乎每年都会在这里出现。因为我们的学校坚信，在这一具有悠久历史和严明军纪的军事院校接受军训，学生的思想将得到洗礼，精神将得到锤炼。

刻骨铭心，脱胎换骨

　　军训，是北京师大附中学生最难忘的高中第一课。学生们称这是"饱受磨难的十天"，但同时又是令他们"刻骨铭心、脱胎换骨的十天"。

　　"苦"和"累"贯穿了整个军训生活。初到军营，学生们看见公告栏里的军训作息表，不由得倒吸一口气。他们每天要 6：00 起床，之后去出早操，整理内务，打扫公共区，参加训练，学习军事理论，进行文体活动，出晚操……直到 22：00 熄灯就寝，他们的行程被安排得密密麻麻，没有一点空隙。宿舍里，没有空调、电视、热水器，更没有手机、零食，他们要自己洗衣叠被、打扫房间，要轮流打扫公共卫生间，还要推着垃圾车去垃圾场倒垃圾。这些事情对从小生活在"蜜罐"里的北京孩子来说，无疑是不小的挑战。

但最为艰难的是烈日下严苛的高强度训练。来的第一天，学生们就被下达命令：穿上军训服就要像军人一样要求自己，必须雷厉风行，一切行动听指挥；当哨令一响，应立即下楼集合，一分钟之内便要列队站好；在队伍行进和进行队列训练时，应不说话，不乱动，有事要打报告；在礼堂开会时，应听号令一齐坐下，腰背挺直，双腿垂直于地面，上身垂直于椅面，头、身不晃动；在吃饭时，应听号令统一开饭，专心吃饭，不聊天；在休息时间，未经允许，不许随便进出宿舍楼；在营区，应严格遵守"二人成行，三人成列"的行走规定，严守"军容、军姿不整齐，不得出楼"的要求，见了教官、老师应立即敬礼问好；当熄灯哨一响，全楼熄灯，应立即安静就寝。铁的纪律无处不在，它帮助学生们规范行为，克服惰性，养成优良作风。学生们在军营里耳濡目染，渐渐理解了"军令如山，守纪如铁"的精神和中国军人强大战斗力的来源。

他们这样写道：

> 我头顶着火辣辣的烈日，脚踏着滚烫的水泥地，身着迷彩服。溽闷的空气中不断地回响着教官严厉的命令："挺胸，收腹，挺脖颈！"豆大的汗珠一粒粒落在了地上，只觉得自己仿佛站在蒸笼中，闷得喘不过气来，头也晕沉沉的，我好像从脚面到肩膀都被放进了醋罐子，又好像在被成千上万只小虫叮咬，这滋味别提有多难受了。我脑中只有一个念头：休息一会儿吧，哪怕是变变姿势也行。可从教官那严肃的表情和严厉的命令中，我已经认识到：这就是军训，这就是军人。

电视里看着如此简单的动作，想不到做起来如此难。教官要求我们并脚跟，挺胸，收腹，抬头，收下颌，双臂夹紧站立十分钟。在短暂、艰难而又漫长的十分钟里，在浑身酸痛的感觉中，我刻骨铭心地体会到，军人简单的一举一动包含了太多厚重的内容！

在铁的纪律中，在刻苦的磨砺下，学生们逐渐脱胎换骨，思想发生了深刻的变化。我们欣慰地看到，刚到军营时还一盘散沙的群体这时俨然已是一个纪律严明、有令必行的集体，这些"温室里的花朵"也逐渐变成了"挺拔的小树"，他们的皮肤虽然变黑了，但脊背直起来了，眼睛亮起来了，蓬勃的精神气儿从心底生长出来了。他们由衷地感叹：

"军营"是一本有血有肉、有苦有甜的活生生的教科书。它教会了我如何去关心、帮助他人，告诉了我集体的荣誉至高无上的道理，使我明白了军令如山，服从命令听指挥的重要性，使我的灵魂和思想都得以升华，更让我学到了吃苦耐劳、无私奉献的精神，顽强拼搏、勇争第一的坚强意志，理解了团结就是力量……参加军训的记忆我会记得一辈子！

敬礼！排长

没参加军训的时候，学生们不理解当兵的人。当真的走进了这片绿色营地，他们才体会到"军人"二字的含义。

军营生活最大的魅力便是无处不在的比拼，军事训练、作风纪律、劳动卫生要比，就连饭前的拉歌也要比。晒红晒伤、脚上磨出水泡，学生们仍然咬牙坚持，"轻伤不下火线"。因为他们的目标只有赢得胜利、夺取红旗。通过刻苦训练、全力比拼赢来的一面面流动红旗，被这些从小衣食无忧的城市孩子视为珍宝，他们为之欢呼，为之哭泣，他们开始切身体会到拼搏奋斗的意义和梦想荣光！军营生活让这些曾经自认为"佛系"，自认为看淡一切的都市少年进行了一次精神上的集体"补钙"。"崇尚荣誉、勇争第一"成为他们的精神追求,"敢于亮剑、敢于刺刀见红"的军队传统为他们增加了直面困难、迎接挑战的勇气和决心。

军训还教给了学生们艰苦奋斗、勤俭节约的优良作风。有一次,学生们刚吃完早饭回到宿舍,突然楼下响起了紧急集合的哨声,大家急忙跑下楼列队集合。只见连长怒气冲冲地走过来,举着一条树枝,树枝上串着一串白色的东西,连长厉声责问大家这是什么。原来,那是一串馒头和鸡蛋,是连长从垃圾桶里捡来的,被同学们扔掉的馒头和完整的一个个鸡蛋。"可耻!浪费!别以为你们是从北京来的,有钱就可以浪费粮食?你们知道这白花花的馒头背后有多少人的血汗吗?我们的战士很多都是从农村来的,他们的父母一年到头面朝黄土背朝天才种出这些粮食,你们随意扔掉的是他们老父亲、老母亲的血汗!扔掉的是我们中华民族勤俭节约的美德!"师生们都羞愧地低下了头。自那以后,师生们都格外注意厉行节约。

为了让学生更好地感受军队的优良传统,增进对军队的理解,每年军训我们都要在紧张的训练间隙安排看红色电影、听英模报告会、参观西柏坡纪念馆、军旅歌曲歌咏比赛等活动。看《血战湘江》时,学生们被红军战士浴血奋战、视死如归的英雄气概和至死不渝的坚定信仰深深震撼;听英模报告会时,学生们被英雄母亲的家信所感动,为年轻战士的牺牲而流泪;参观西柏坡纪念馆时,学生们知道了"新中国从这里走来"的故事和"两个务必"的宝贵精神;听国家安全形势讲座时,学生们知道了"C形包围圈",了解到了繁华盛世背后有很多人的奉献牺牲和负重前行;唱军旅歌曲时,学生们声音嘹亮、热血沸腾。这些活动让学生们更加理解了军队和军人:

从表面上看,军人们很严厉,似乎不懂得如何笑,但其实他们的内心深处和普通人一样有着丰富的感情，而且比普通人还拥有更多的对党和人民的无限忠诚、不求回报的无私奉献精神。我慢慢地由敬畏他们，转向敬佩他们。

每年离别，教官们在熟悉的训练场整齐地一字排开，庄严地敬起军礼为学生们送行。学生们依依不舍，哭成一片。当汽车缓缓开过宿舍楼，开过阅兵台，开出操场，开出院门时，教官标准的军礼连同军人伟岸的形象深深印刻在了学生们的心里：

> 我们的正副排长，
>
> 都身材不高大，属于小个子。
>
> 如果脱下军装，
>
> 我们迷彩服的绿浪，
>
> 准能立刻将他们淹没。
>
> 但是，当你们用沙哑的喉咙喊出军人的血性，
>
> 当你们用疲惫的双腿为我们踢出人生的正步，
>
> 或者，仅仅是面带微笑向我们走来，
>
> 排长，我想对你们说，
>
> 还从来没有人，
>
> 像你们这样，
>
> 大山一般，
>
> 矗立在我的眼前。

当祖国召唤的时候

有人问我们，为什么要大费周折地组织学生远赴距北京几百公里的石家庄进行军训？我想这既是源自两校30多年来结下的深厚情谊，更是源自两校为党育人、为国育才的共同价值追求。在这所具有抗大基因的军事

院校里，学生们处处感受到青春与热血、理想与信仰。他们渐渐走出小我，感受到责任和更大的担当。有同学在日记中写道：

> 穿上迷彩服，扎紧武装带，站在宽阔的军训场上，我心胸豁然开阔，心中有种莫名的激动，热血沸腾。我竟把自己想象成了一名要远赴沙场，保家卫国的战士。同时我也突然明白了，为什么爸爸会在春节时让员工们回家，而自己独自值班；为什么叔叔会在中秋佳节替别人做手术，而放弃和家人团聚——因为他们怀有责任感：为国家应义不容辞，为家庭应倾尽关怀，为他人应不辞辛劳。

2009 年，我校的 2007 届毕业生，当时正就读于北京大学的王同学做出了一个令人惊讶的决定：参军。这既是他儿时的梦想，又是受他在高中和大学接受的教育的影响。王同学还主动要求去最艰苦的连队——警卫连。两年时间里，他在最艰苦的基层连队里摔爬滚打，守护万家灯火。回到燕园，他在继续读书的同时，将满腔热血投入到了征兵事务的宣传和推广上。读博期间，他被北京大学正式聘任为国防生辅导员。

提起自己的军旅生涯，他自豪地说："从军的梦想给我带来入伍的冲动，驱动我将梦想变为现实的，则是自己身上的责任感。每个人都有自己的责任和义务，年轻人在指责别人不尽责的时候，更应该想一想自己的义务履行了没有。公民有依法服兵役的光荣义务，我已经成年，应当履行自己的义务，然后再谈权利……20 岁的我服兵役，不为升官发财，也没有受到他人的逼迫，我只为了实现自己的理想。我选择了自己的信仰，我宣誓为祖国献出自己的一切。当兵入伍，也是我为祖国奋斗的重要一步。能为祖国奋斗的人是幸福的，年轻人应该用博大的胸怀迎接这个世界，在各种实践中磨炼自己，怀有一颗感恩的心，坚守自己的理想。"

自 1987 年开展军训以来，30 余年间，我校众多毕业生去到了祖国最需要的地方。他们当中，有嫦娥四号任务的执行总监，有北京大兴国际机场的设计师，有援藏援疆的专家和志愿者，有主动请缨奔赴抗疫一线的医务人员，有献身国防的军人，有投身教育事业的人民教师。大家在各行各业建设祖国，实现着自己的人生价值。

这火一般的青春，正像一首军歌唱到的：当祖国召唤的时候，挺起胸膛站排头！

叩响时代强音，厚植爱国情怀

于　渊

2019 年是不平凡的一年，《我和我的祖国》的歌声响彻大江南北，"中国红"浸染祖国山河，中华人民共和国迎来了 70 年华诞。庆祝中华人民共和国成立 70 周年是一件国家大事，亦是对千万青少年进行爱国主义教育的良机。

"百年附中，弦歌不辍。"学校精心策划和开展了形式多样、内涵丰富、广泛有效的爱国主义教育活动，激发广大师生的爱国热情，凝聚奋进新时代的磅礴力量。师生们以多种形式向祖国表白，为祖国祝福，表达自己强烈的爱国心、爱国情、爱国志。

唱响国歌，献礼祖国

"唱国歌"是每周一的升旗仪式上的重要环节，但学生们往往只是低声哼唱。在 2019 学年度的开学第一次升旗仪式上，梁原草副校长向全体师生提出倡议，要在升旗仪式上高唱国歌，表达对国家的热爱和民族的自豪感，要在大的国家背景中感受到个体存在的价值和意义。在梁校长铿锵有力的号召下，随着国旗的冉冉升起，师生们嘹亮的歌声响彻整个校园。"唱响国歌"也成为学校第一项为国庆献礼的活动。

此后，各班召开主题班会，从了解《义勇军进行曲》的创作背景开始，到播放不同情境下的国歌奏响的场面，教师引导学生深刻领悟国歌在民族危亡的关头，对激发爱国主义精神所起的巨大作用；让学生明白国歌是国家的象征和标志，每一位公民都应当尊重国歌，维护国歌。学生们慢慢对高唱国歌习以为常。每天只要校园中响起国歌，学生们不论是在操场打球，还是在校园行走，都会停下脚步，面向国旗方向肃穆站立，直到国歌结束。

用七彩画笔表白祖国

此次为祖国庆祝生日的系列活动中有一项是学校团委组织全体学生进行以"表白祖国"为主题的涂鸦墙大赛。整个活动历时 10 天，以少先队和团支部为单位共绘制了 41 块全长 100 余米的墙面。涂鸦墙充分体现了学生们丰富的想象力和创造力，画面精美，赏心悦目。参与此次活动的全体师生，利用课余时间现场构思、集体创作，用七彩画笔抒写新时代学子的青春风采，用明艳的色彩纵情抒发对祖国母亲的热爱，用极富创意且规模巨大的艺术呈现方式，献上对祖国的深深祝福。

涂鸦文化发源于街头，很多人想到"涂鸦"，脑海里都会蹦出"颓废、反抗"的字眼。虽然来源于同样的艺术形式，我们的校园涂鸦却注重表现积极、阳光的情感。在北京师大附中的校园中用涂鸦向祖国表白，充分展现了学校的包容与活力，也突出了同学们对党、对祖国、对社会主义的热爱。

祖国我想对您说

风雨砥砺，岁月如歌，70 年披荆斩棘，70 年风雨兼程。校学生会推出"朗读中国——祖国我想对您说"视频展播活动，展现中国优秀传统文化的博大精深，源远流长，提升学生的文化自信，弘扬时代正能量，表达师生对伟大祖国的热爱。

此项活动以班级为单位，学生们精心挑选要朗读的诗文，认真选择拍摄的地点。他们在长城脚下，在黄河岸边，在钱学森塑像前，在"附中老校门"旁的银杏树下，在"百年会堂"中，将琅琅读书声充满了各个角落。学生们透过一篇篇、一段段赞美的诗篇，感受中华文明的灿烂辉煌，用最美的声音，讴歌伟大祖国的壮美，倾诉着对祖国满腔的热爱与祝福。

初二年级的原创诗朗诵《诗意中国》引起了广泛共鸣，学生们用真诚、稚嫩的话语，将对祖国的情意熔铸在字里行间。诗歌展现了赵世炎烈士的革命救国故事、钱学森校友的科技强国故事、林砺儒老校长的教育兴国故事和我辈青年的奋斗报国故事，学子的爱国情怀和责任担当薪火相传。学生们满怀深情的诵读画面，深沉婉转的语调，传递出对祖国深深的眷恋之情，铿锵有力的声音里满怀对祖国美好的祝愿。

我和我的祖国

"我和我的祖国，一刻也不能分割……"2019 年 9 月 30 日，由学校德育部门牵头，合唱团演唱，全校师生共同参与拍摄的快闪视频《我和我的祖国》在学校的公众号发布，仅仅 4 分钟的视频一经推出即引起了巨大反响，将我校的庆祝活动推向高潮，"学习强国""学校思政"等各大网络媒体纷纷转播，当天点击量超过 8 万。全体师生用热情激昂的歌声表达爱国、奋斗精神，讴歌祖国的伟大成就，抒发对党和祖国的赤诚之爱，为党和祖国献上最真诚的祝福。许多在校生、毕业生、老校友纷纷留言感谢学校的培养，感谢祖国强大。有学子这样留言："三生有幸，得遇附中。""一股清流，让人热泪盈眶，我看到了母校的发展，看到了祖国的强大，我为自己是北京师大附中人而骄傲。"

不忘初心使命，在历史记忆中传承精神

为让学生通过庆祝中华人民共和国成立 70 周年的活动，将个人发展和国家的命运紧密结合，铭记历史，勇担重任，学校特邀曾于 1950 年参加抗美援朝的 50 届校友黄会林教授和中国空间技术研究院嫦娥四号项目执行总监、89 届校友张熇研究员来校参加特殊的开学典礼。

黄会林教授在典礼上语重心长地叮咛学生："你们成长于美好的时代，还将迎来更好的时代，但不要忘记，这个时代的成就，是无数人用巨大的代价换来的。希望大家在享受这份安逸的同时，也保有一份责任感。我们既要实现自我价值，也要把这份价值传递下去。你们的青春、潜力，便是民族的青春、潜力。"

张熇研究员号召学弟、学妹要做有梦想的人，做拥有强健体魄的人，做脚踏实地的人。因为"所有伟大的事业都始于梦想、基于创新、成于实干"。

两位校友的真挚嘱托，给新时代的学子指明了方向，激发起大家勇担时代重任的决心和触摸时代脉搏的豪情。

庆祝中华人民共和国成立 70 周年系列活动虽然告一段落，但是在每一位国人心中掀起的汹涌波涛却久久不能平息。学校的德育工作需要进一步引领学生把庆祝中华人民共和国成立 70 周年系列活动激发出来的爱国之情、报国之志，转化为刻苦磨砺、勇于担当的内生动力；把厚植爱国情怀作为学校立德树人的有力抓手，培养学生树立为祖国努力奋斗的信念，为祖国的强盛而奉献的坚强意志。青年学生只有心怀爱国之情，笃行报国之志，才能校准人生坐标，凝聚起磅礴的青春活力，推动国家进步、民族复兴。

百年中国之中流砥柱

张成斌

正青春的十几岁高中生，遥想 30 年后的自己会做什么，着实不是一件容易的事。学生们对于未来的畅想总是如此美好又天马行空，大家在成为大人的路上做着美好的梦，唱着美好的歌，憧憬着光辉而美好的成年生活，期待着 30 年后祖国的强大和兴盛。

全剧组一起奋斗，一起出谋划策，一起熬夜，一起排练，一起在五星红旗下呐喊出自己的梦想，用感情和歌声唱着我们的青春，我们的奋斗，我们对祖国的深情！

2019 年 9 月底的一天，高二年级学生的微信朋友圈被一个活动刷屏了——遇见 30 年后的自己。

30 年后，正是 2049 年，是中华人民共和国成立 100 周年的年份。

激情涌动，眼前一亮

"遇见未来的自己"是非常典型的生涯实践活动，目的是唤醒学生的生涯意识，让学生学会选择自己的未来专业和职业发展方向。很多传统的生涯教育是帮助学生从个人兴趣、潜能的角度进行生涯决策，很少有活动是让学生用更广的视野去看个人发展与国家、社会的关系，也较少考虑国家、社会的发展需求。因此我们一直在努力寻找教育突破点。

恰逢 2019 年国庆，中华人民共和国成立 70 周年，举国欢庆。从年初开始，《我和我的祖国》就响彻大江南北，各行各业的人们都在自己的岗位上用歌声述说"我和我的祖国，一刻也不能分割"。不知十五六岁的高中生是否能意识到，30 年后当举国欢庆中华人民共和国成立 100 周年时，那时社会的主角已经是他们，他们这一代已经成长为祖国各行各业的中坚力量。受此启发，我们眼前一亮，意识到这是一次非常难得的将爱国主义教育融入生涯教育，帮学生打通个人和国家关系的契机。

以此为出发点，我们将"未来"明确为"30 年后"，将传统的生涯实践活动改名为"百年中国之中流砥柱"，引导学生们畅想 30 年后的国家发展，以及自己的事业发展状况，将自身的生涯发展和国家命运紧紧结合在一起，激发学生的爱国之情，向中华人民共和国成立 70 周年献礼。于是生涯教育处和年级组老师们立即行动起来，调动学生，精心准备，一场激情澎湃、别开生面的生涯活动拉开了帷幕。

为了让每一位学生都能参与进来，我们将活动设计为两个部分：第一部分是"我是封面人物"活动——杂志制作和展示，指导学生采用自己设计的杂志封面和编写专访的形式，在与祖国共成长的背景下，建构自己的职业理想和生涯愿望；第二部分是"百年中国之中流砥柱"展示活动，以班级为单位，学生自选喜欢的艺术形式，展示职业奋斗历程或职场风采，激发学生的爱国情怀。

我是封面人物

我校高二年级学生全员参与了"我是封面人物"活动，利用生涯作业的形式，烘托出爱国氛围。我们给每一位学生写了一段作业说明："30 年之后，中华人民共和国正值百岁诞辰，我们的国家和社会的发展又将进入到一个新的阶段，学生们那时候将成为各自行业的中流砥柱。一名杂志记者慕名而来，想对你的职业奋斗经历和职业成就做个专访。请你们想象那时的国家发展状况和自己的职业生涯状况，并据此完成自己的杂志封面，写下自己的生涯故事。"

高二年级有 400 多名学生，每一位学生都用了一周时间，设计和制作了自己的杂志封面和内页故事。30 年后，有的学生成为宇航员，在祖国 100 年华诞之际，身穿我国制造的宇航服登上"华诞一号"，飞往"新地球"；有的学生成为我国派驻联合国官员，代表中国致力于全球和平与发展工作；有的学生进入国家重点基因研究院，带领团队开展基因编辑与重组工作，最终获得诺贝尔生理学或医学奖；有的学生致力于生物研究领域，组建了"青山"小组，进行荒漠化治理……他们在各行各业成为国家栋梁。我们选择出 100 多位学生的作品进行彩喷，制作出长达 18 米的巨型横幅在校园里进行展示，吸引了全校千名师生驻足观看。

百年中国之中流砥柱

经过一个月的精心彩排，2019 年 9 月 30 日，伴随快闪视频《我和我的祖国》的播放，高二年级全体师生依次步入礼堂，"百年中国之中流砥柱"展示活动在学校的百年礼堂拉开帷幕，给全体家长准备的网络直播也同时开启。

诗歌朗诵《畅想 2049》畅想了 30 年后祖国各行各业的发展状况，带大家领略了国家发展的壮美画卷。紧接着，各班依次登场，用不同的艺术形式讲述自己的职场风采，畅想祖国的发展。

《再聚首》讲述了在大学时相识的来自大陆和台湾省的两位学子，30 年后在各自领域做出了杰出贡献后再聚首的故事。

《成长》是用微电影的方式，带领大家走进两位高中生的内心世界：他们有过困惑，有过彷徨，但一直为自己的梦想不懈努力，最终，二人一位成为优秀的心理咨询师，另一位成为知名画家。

登陆火星还要多久？ 热血青年的火星之梦如何实现？ 音乐短剧《滚烫的中国心》告诉我们答案，为了祖国航天事业的发展，热血青年奉献了自己的青春年华。

我国的足球难道只有遗憾、泪水和吐槽？ 祖孙三代那一直不灭的足球梦，在短剧《圆梦足球》里看到了实现的希望，故事中的中国足球终于腾飞。

"网红主播"作为一个职业似乎并不被主流价值观认可，但短剧《红与绿》告诉我们，我们追求的目标和彰显的价值观才是重要的。 本剧讲述了一群年轻人用直播做环保的故事，网红主播用特有的方式守护着祖国的青山绿水。

医疗 AI 的发展如火如荼，医生在面临两难时，是否还能守护初心？短剧《弃医从医》展现了医务人员从饱读医书、踌躇满志，到身心疲惫、质疑选择，最终不改初心、不悔医路的成长历程。

中国，不仅是中国人的中国，也是全世界的中国，短剧《大国情怀》讲述了在中国的空间站中发生的感人故事，展现了中国航天员如何在小我和大我中做选择，体现了大国情怀。

…………

在这个舞台上，学生们用不同形式展示了奋斗的身影，让我们看到了他们充满激情的灵魂。 30 年后的他们不仅在职场上充实着自己的生命，更与祖国同呼吸，共命运，为国家的发展贡献着自己的力量，成为百年中国之中流砥柱。

最后，主持人带领大家重温了毛泽东所说的："世界是你们的，也是我们的，但是归根结底是你们的。 你们青年人朝气蓬勃，正在兴旺时期，好像早晨八、九点钟的太阳。 希望寄托在你们身上。[①]"并带领学生们一

---

① 《毛泽东著作专题摘编（上）》，1104 页，北京，中央文献出版社，2003。

起喊出："我们一起，为中国努力奋斗!"现场气氛达到了高潮。 此时，《歌唱祖国》的前奏响起，全体学生自发起立，挥舞着手中的小国旗，一起歌唱我们伟大的祖国，为祖国的强大而自豪，树立报国之志。

"生涯"不仅仅是一个人的生涯，一个人的发展离不开他所处的时代和社会，我们要将个人的生涯规划放在历史发展的大洪流中，只有将个人发展与祖国命运紧密结合，这样的生涯才具有时代性和生命力。 同时，爱国主义教育需要创新方式，创新途径。 因此，我们将融合"中国梦"和"个人梦"，将两个"创新"共同作为此次活动的出发点。 我们相信每一位学生在参与活动过程中，对国家和自己都有了更多的思考，对爱国也有了更加深刻的理解。

传承红色基因，勇担青春使命

张明瑶

"老师，我觉得我做好自己就行了。"

"老师，我觉得我好好学习就行，不用上团课。"

"老师，我妈想让我入团，我其实没啥特别的想法。"

"老师，我入团是因为我以后想入党，听说党员比较好找工作。"

每当我和学生讨论"为什么要入团"的时候，我常常会获得这样的答案。这是一个密切关注自我成长的时代，学生们常常在一个角落咀嚼自己小小的悲欢，并视其为全部的世界。每一个学生都在追求"最好的自己"，别人怎样似乎与他们无关。但作为一名基层的中学团干部，我深知中学共青团在全团具有基础性、战略性、源头性的地位和作用，承担着为团的各条战线输送合格团员的重要职责。用什么样的方式能有理有据、有思考、有视野、有情怀地在学生心灵深处埋下一颗红色的种子成了我最大的难题。

引起共情，启发思考

"离队、建团仪式"是我的工作中十分重要的一部分，我用了两年时间设计和打磨这个仪式。仪式共分为两个单元——"离队"单元和"建团"单元。"离队"单元中，学生们首先观看视频，共同回忆第一次戴上红领巾时的稚嫩与纯真，四季轮回，时光流转，画面最后定格在校园中红领巾在学生们胸前飘扬着的青葱模样。 然后，全体学生在星星火炬旗帜下最后一次庄严宣誓，并唱响《少年先锋队队歌》。 最后，学生们将承载着童年岁月里的成长与梦想的红领巾小心地收藏在印有"永远飘扬的红领巾"的特制信封当中。 在"离队"单元我埋了一条隐藏线索，两年前，新初一建队的时候，我就让学生们给自己写了一封信，题目是《写给两年后的自己》。在"离队"单元，孩子们在把红领巾装进信封的时候，会拿出我藏在信封中的那封两年前的信。 记得在初一时，我发给他们信纸的时候，我在朋友圈还看到了很多消极的评论。 因此，这次我其实最期待的就是那个曾评论"学校就是在走形式，这有什么好写的"的学生内心会有什么触动。

"建团"单元由视频"我与祖国共成长"开启，我们共同回顾了学生们从出生到现在的 14 年间的模样，以及这 14 年间中国的发展和腾飞。 我想让学生们感受到自己在祖国的庇护下出生、长大、入队、建团，直到今天他们要迈入青年的行列了，他们成长的每一步都与祖国的发展和腾飞紧密相连。 作为基层团组织的负责老师，我真心希望学生们在成长过程中找到自己、成就自己，如祖辈、父辈一样，建设好我们的祖国。 我觉得有些想法，不一定要靠嘴说出来，对于这一代孩子来说，他们需要的是沉浸式的思想引导。

"共情"是人与人情感交流的重要桥梁。 给未来的自己写信，观看关于成长的视频，关注自我，这些手段都是想获得学生的共情。 我希望让学生置身于祖国的发展之中，将他们的成长和祖国的发展联结在一起，启发他们思考团组织到底是一个什么样的组织，明确要把自己的命运和国家的命运紧密相连。

我一直觉得，做共青团工或者德育工作，都是一个长期的持续性的教育工作，不会立刻看到效果，但是我期待能通过我们的工作，给每一个孩子的心里都埋下一颗火种。 就像习总书记强调的那样，有问题是非常正常的，但是我们青年干部要学会的是直面问题，解决问题。

真实的故事，有破解困境的力量

2018 年，我以北京市团干部的身份来到井冈山进行了为期一周的培训。培训的课程非常丰富，令我印象最为深刻的是一对老人携手而来，为我们带来的他们的人生故事。他们的故事里，蕴含着我们最想告诉学生的价值观，也是最期待他们身上能够具有的品质——爱党爱国、舍己为人、勤劳节俭、崇德向善。于是，回校之后，我把他们请到了附中的团课上。

梁汉平（梁金生烈士之子）和刘松柏（井冈山红军刘型之女）两位老人用生动的语言，以对话的方式，再现了那个战火纷飞又激情燃烧的岁月。战士们在前线奋勇杀敌，儿女们在后方颠沛流离。面对这种情况，我党迅速组建了延安第二保育院，还派了当时机枪营的营长来当院长，和百姓们一起收养、抚育红军战士们的子女。而两位老人的母亲，就是这支队伍里的保教人员。她们坚守"大人在，孩子在；大人不在，孩子也要在"的信念，用自己的生命保障了孩子们的安全。"马背摇篮"的足迹，跨越大半个中国，创造了动人心魄的奇迹。两位老人的母亲在后方几经生死护送革命后代，父亲在前线浴血奋战保卫大好河山。两位老人的父亲都是共产党干部骨干，他们的身影穿梭在长征的队伍中，用坚定的意志抵御各种困难，冲破了一道道封锁线。他们穿着磨破了的草鞋行走在坑洼山地上，靠着一颗小小蔓菁和几条皮带解决全队人的饥饿问题。回忆起长征途中的湘江之战，刘松柏老人潜然泪下："那些在湘江战役中牺牲的战士，七成都是你们这么大的小战士，他们没有留下任何财产，没有留下后代，甚至连名字都没能留下，但是我们知道，他们叫红军。"配合着革命时期的那段记忆，两位老人为我们展示了几组真实老照片。刘松柏老人讲述结婚照中父亲脚踏草鞋的背后奥秘，而梁汉平老人则通过一张全家福回忆父亲奔赴战场前的故事。学生们仔细聆听着,为革命先辈的朴实与奉献送上最热烈的掌声。

整个团课过程中,我在后台悄悄地观察着学生们的表情变化,他们聆听着两位老人的大半生故事,或报以热烈的掌声,或捧腹大笑,或流下了激动的泪水。两位老人用自己父母的故事、自己的故事和孩子们的故事,为孩子们上了一节生动的团课。而我想传达给学生的红色基因其实就藏在两位老人的"家风"里,让学生自己用"采访""聊天""对话"的方式,去找寻关于理想信念的答案,他们才能在最后,将这份珍贵的答案内化于心,外化于行。

传承红色基因,勇担青春使命

那美到令人窒息的朝霞,是只有在 6 层才能看到的美。

昨天我没有在给我带来幸福感的朋友圈里着急写小作文,现在我平静下来,倒也别有一番感受。我每次听到"你用健美的臂膀,挽起高山大海"这一句,都有种热泪盈眶的感觉,每次我都是在克制着自己的激动。后来想想,其实我不是因为这一个月的经历太艰难而激动,而是我为有幸作为班长,见证着太多人的成长和蜕变而激动。

jzn,这应该是你第一次如此自信地在全班面前独展歌喉;dry,这次你的伴奏水平超过以往任何一次的演奏,是灵魂伴奏,你也是台上的一景;yyf,你终于学会了用气息发出自己浑厚的声音;zjp,你甚至练到可以大声地引领高声部且独当一面;psj,你跑前跑后,头一次成为靠谱的后援和声部灵魂;wmz,你带着自己的"小弟",默默地练习,撑起了整个班的声音;wrc,你终于在聚光灯下用最美的歌喉带起了整个班的情绪;wyx,我清楚地记得那个秋末的下午,那无数个窗外已一片漆黑的音乐教室和你最沮丧、难受的时候,还有昨天你镇住了全场的自信与气质……是努力让我们变得自信，是自信让我们变得更美。

今天没有昨天那么惊艳的朝霞，但天空却仍有金色的光芒。

这次比赛就像我做的一个梦，这个梦，我永远也不会忘记。

这是在一次"一二·九"合唱节中获得集体一等奖的班级的团支书写下的朋友圈。"一二·九"合唱节是我校坚持了多年的传统项目，每个班都有必选曲目和可选曲目，曲目均由学校德育领导和艺术组长经过反复讨论、斟酌，最后敲定。歌曲或是反映国家历史变革，或是表达爱国之情，或是歌颂满腔热血，或是歌颂祖国大好河山，每一首歌曲都"传承红色基因，勇担青春使命"。每一年我们都会遇到学生刚刚抽签拿到曲目以后的不解与抱怨，学生会议论歌曲"老掉牙"，会说："都什么年代了，还在唱我奶奶唱的歌……"直到经历了一个半月的磨合以后，当历史老师、音乐老师、班主任、团干部陪伴着每个集体练歌，和声，理解歌词内容，一遍一遍在歌声中回溯曾经的历史，学生们才终于明白"一二·九"合唱节的真正价值。

真正的德育是生成性的，学校多年来都是通过经典的品牌活动，坚持实践育人，在实践中让学生不断地认识自我、创造自我。教师精心设计教育实践活动，不断地推动学生探索，让学生在实践中形成价值判断。历经几十年的改革、发展，我国的社会转型全面展开，人们的价值观也在变化。青年价值观完成了由单一到多样，由传统到现代，由困惑到自觉，由解构走向整合的转变。因此，青年学生思想政治教育也变得尤为重要，学校如何用共产主义和中国特色社会主义思想引领学生？我想，若想延续"革命精神""红色基因"，汇聚学生的爱国力量，"合唱"或"歌唱"真的是最好的方式。

让红领巾更鲜艳

王海娜

2019 年 9 月，我正式担任学校的少先队大队辅导员。 我与北京师大附中的缘分从 15 年前就已经开始。 那时我还是一名 13 岁的少年，胸前飘扬着鲜艳的红领巾。 那一年的 9 月，我带着憧憬和期待，迈入了北京师大附中的校门，成为一名北京师大附中学子。 6 年的时光，让我懂得每一名北京师大附中人身上都肩负着传承红色基因的责任。 当我进入北京师大附中工作，我便明白，引导学校的少先队员们树立优秀的理想信念，形成正确的价值观，成为真正的红色基因传承者，是我义不容辞的责任。

"红领巾"与 100 个附中人的故事

每年 7 月，马上就要来学校报到的新初一学子在收到录取通知书的同时，也会收到一项特殊的作业——阅读《100 个附中人的故事》。 通过阅读一个个人物故事，孩子们在还没有入学时，就已经走近了"百年附中"。

2020 年 11 月，新一批初一学子已经步入校园两个月。 借着学校 119 周年校庆的时机，初一年级举办了"讲附中人故事，述中国梦情怀"的讲故事比赛。 初一是一个人从儿童到少年的过渡期，他们还没有脱去儿童的稚气，讲故事的形式最适合这个年龄段的学生。 从读附中人的故事，到写附中人的故事；从小组内讲附中人的故事，到班级内讲附中人的故事。 每一名初一少先队员都参与其中,感受附中人的力量。

2020年11月2日,校庆当天,讲故事比赛的颁奖仪式在操场举行,获得一、二等奖的6位同学为全年级少先队员们讲述他们热爱的附中人的故事。那天正赶上大风天气,虽然北京的气温骤降,但是同学们的热情没有减少。台上同学满腔热血地讲述曾经发生在附中人身上的故事,台下同学跟着他们的讲述认真回顾前辈的事迹。

在五四运动、"一二·九"运动中,那些举着条幅、在北平街头振臂高呼的北京师大附中前辈们;在凶残的敌人面前,大义凛然,英勇就义,把26岁闪光的青春和满腔热血献给了中国人民解放事业的中国共产党早期领导人赵世炎烈士;中华人民共和国成立后,冲破重重阻挠,毅然回到祖国,筚路蓝缕,一手擎起祖国"两弹一星"事业的共产党员钱学森学长;还有无数默默奉献,奋战在祖国建设第一线的北京师大附中师生们:他们都是北京师大附中红色基因的传承者。

培育和践行社会主义核心价值观,就要教育引导少先队员心有榜样,学习英雄人物、先进人物的事迹。优秀附中人的故事鼓励着学子勤勉修身、砥砺奋进,榜样们践行了学校的"诚、爱、勤、勇"校训,他们对国家和人民的热爱,对事业的追求,是学校精神和价值观的最好诠释。这些附中人是少先队员们最应亲近的榜样,他们的故事能够激励新一代附中人继承优良传统,将红色基因代代相传。

清明寄哀思,敬意致英雄

我还记得,在准备讲故事比赛时,有学生跟我交流时说:"老师,真没想到咱们学校有这么多名人,他们每个人身上都发生了好多故事,我真想把每个故事都讲给别人听。"有的学生感叹:"老师,石评梅先生这样优秀的老师竟是咱们学校的,可惜她去世得太早了。有机会我一定要去陶然亭公园瞻仰石评梅墓和高君宇墓。"我告诉他们,为了纪念这些伟大的附中人,学校东区校园里有赵世炎烈士像、林砺儒老校长像和钱学森先生像,并叮嘱他们去东区上学的时候一定去看看。 我还告诉他们,每年清明节,学校都会组织初一的少先队员代表去陶然亭公园祭扫石评梅墓和高君宇墓,希望他们瞻仰时一定好好读一读墓碑上的碑文。

"'我是宝剑,我是火花。 我愿生如闪电之耀亮,我愿死如彗星之迅忽。'这是君宇生前自题像片的几句话,死后我替他刊在碑上。"在高君宇的墓碑西侧,镌刻着石评梅那段泣血的碑文。 为了用行动表达对英雄的崇敬之情,每年清明节前后,初一的少先队员代表都会到陶然亭公园高君宇烈士和石评梅校友合葬墓前举行隆重的祭扫仪式。

午后的暖阳照在每个人身上,孩子们胸前鲜艳的红领巾随风飘扬,少先队员代表宣读了他们的生平事迹,学生们共同体悟共产党人的无私情怀。 全体队员们齐唱《我们是共产主义接班人》,重温入队誓言,用最嘹亮的歌声和誓言向这位为了人民的利益不惜牺牲自己生命的革命烈士表达崇高的敬意。 我们也一同怀念石评梅,向这位热爱教育事业的文坛才女表达追思。 烈士就在我们身边,烈士的事迹滋润着每位少先队员的心灵。

清明时节,我们站在先烈墓前,追忆他们的过往,不仅表达了少先队员们对先人的缅怀和感激之情,更体现了附中人对优秀民族精神的传承。清明祭扫,追念先贤,今日的青少年大多是独生子女,或者他们的父母是独生子女,因此青少年的身上免不了有一些"小我"的想法。 学校借助特殊的时间节点,通过祭扫仪式,让少先队员们放眼于国家与民族的"大我",在体悟先人精神的同时,怀揣时代的责任与梦想,砥砺前行,努力成为合格的社会主义接班人。

"红领巾"活跃在李大钊故居

李大钊是中国共产党的先驱,是伟大的马克思主义者,是杰出的无产阶级革命家，是中国共产党的主要创始人之一。 校团委从 2018 年开始与李大钊故居合力开发了志愿服务项目，参与者主要是初一和初二的少先队员。 学校想让同学们在讲解过程中学习李大钊等革命先烈的光荣事迹，主动传播和传承伟大的红色精神。

2019 年 9 月，我们开始组建"初一少先队李大钊故居志愿讲解服务队"，正式拉开了本年的这个服务项目大幕。 学生们对志愿讲解的热情超出了我的预期。 经过三天的面试，24 名学生从百余位报名者中脱颖而出，成为准讲解员，他们会继续参加专业老师组织的培训和考核。

2019 年 10 月 13 日是少先队建队 70 周年的重要日子，我深知这个时间节点是组织少先队活动的好时机。 李大钊故居成为我们举行纪念少先队建队 70 周年活动的地点，同时，这天也是准讲解员们第一次走进故居，身临其境感受伟人的力量的日子。 我们学习先烈精神，重温入队誓词，少先队员们在实际行动中树立从小学先锋，长大做先锋，努力成长为能够担当民族复兴大任的时代新人之观念。

十几天后的 10 月 25 日，这 24 名准讲解员跟随初二的正式讲解员来到故居参加"李大钊诞辰 130 周年纪念活动"。 "历史的道路，不全是平坦的，有时走到艰难险阻的境界，这是全靠雄健的精神才能够冲过去的。"初二的讲解员代表们带着满腔激情与热血朗诵了李大钊写下的《艰难的国运与雄健的国民》这首诗，台下的学生们屏息凝神，聆听先辈的教诲。 初二的讲解员们为在场来宾讲解李大钊故居，一间一间的屋子中都藏着李大钊的故事与精神。

初一的准讲解员们经过这两次活动，深受触动，坚定了他们成为正式讲解员的决心。

之后的一段时间，孩子们利用周末时间到故居进行现场专业培训。 培训老师将讲解稿发放给孩子们，一边按照讲解稿上的内容讲解，一边告诉孩子们对应的是哪一件实物，加深大家的印象。 回到学校，我找出李大钊故居的平面图，配上故居里面每个场景实物的照片做成 PPT，以直观的方式帮助孩子们背诵讲解稿，使他们能够用最快的方式记住这些物品以及它们的位置。 通过孩子们的努力，最终 24 人中的 22 人通过了考核，成为正式的讲解员。

在后面的实际讲解服务过程中，我们的讲解员为游客们讲解李大钊的故事，传播李大钊的精神，他们的讲解生动、形象，有少先队员的朝气，他们让红领巾飘扬在故居的每一个角落。

对于十二三岁的少先队员们来说，树立良好的理想信念，形成正确的价值观，并不是一朝一夕的事情。 作为大队辅导员，我要做的就是通过一次次看得见、摸得着的教育活动，慢慢走进孩子们的心灵，触碰他们内心向往真、善、美的地方，让他们参与革命传承，感悟信仰的力量，最终用实际行动传承红色基因。

我为国歌"增分贝"

胡文潇

唱国歌之乐，馈国歌之神

2020年9月，我接手了新的钱学森班①：高一（10）班。我面对这些成绩好、能力强的学生，深感重任在肩。我们的校友钱学森无私奉献、求真务实、开拓创新，在科学界乃至全社会树起了一座丰碑，而其精神的核心就是爱国。作为钱学森的校友，钱班的学子必不能仅以个人利益和应试高分为目标，做"精致的利己主义学霸"，而必须承袭钱学森的爱国之魂。

因此，入学伊始，我就对学生们进行了国旗、国歌等方面的爱国教育，如升旗仪式上要庄严注目，唱响国歌；无论何时都要庄重地对待国旗；要在任何听到国歌响起的场合肃立。

随后的日子里，学生认真落实我之前在爱国教育中与他们形成的约定，班级活动需要借用国旗时，他们小心谨慎地折叠保管；学校每周一的升旗仪式上，他们站得庄严挺拔；每次听到国歌在校园里响起，他们都立即停下脚步，面向国旗注目致敬。但是，唯有在升旗仪式上奏唱国歌时，他们还不够精神饱满，声音洪亮。

---

① 后文简称"钱班"。

于是，我展开了问卷调查和广泛的面谈，了解学生对国歌的认识，对国歌的态度，以及不愿大声唱响国歌的原因。对于国歌，学生们似乎特别熟悉，"聂耳""田汉""1935年创作"，这些知识他们都清楚。而对于唱国歌声音小的原因，学生们也纷纷给出了答案：

> 大家都很小声唱，我自己唱得大声很尴尬。
> 我怕难堪，我唱歌真的不好听。
> 唱国歌没有必要大声唱吧，又不是合唱比赛。
> …………

面对学生这些真实的回答，我不由感到心惊。学生看似了解国歌，其实仅限于知识层面，创作时间对他们来说只是一串数字，而非一段历史与画面，回答毫无感情。正因为他们对国歌历史不够了解，对国歌于每代中国人意义的理解还不够深入，对国歌与自己还没有建立起极强的情感纽带，才会小声地歌唱国歌。

身为班主任，我应该怎么做呢？

识国歌之史，感国歌之命

2020年是特殊的一年，这一年里，全国人民众志成城抗击疫情，不仅涌现出众多人民英雄，更一次次在克服困难中唱响国歌。国庆来临之前，我又把握契机，布置了"任务"，要求学生国庆当天早起，去天安门观看或直播观看升国旗奏唱国歌仪式。在疫情期间，举国努力克服困难的日子里，伴着仍在耳边的国歌，学生观看升旗时的激动之情仍未退却，正是以国歌为切入点展开爱国教育的绝佳契机。

我以时间为主线，将班会分为三个部分，通过串联国歌的昨天、今天与明天，使学生理解国歌对每代中国人的意义，建立自己与国歌的情感纽带，从知、情、意、行四个维度将爱国这一抽象概念具象于国歌之中。

不仅如此，班会的准备不能是班主任一个人的事儿，我从 9 月初就广泛组织学生和家长参与到班会的筹备工作中来。话剧组自编剧本，排练小短剧演绎国歌诞生的故事；视频组网络搜集奥运会奏唱国歌、国庆阅兵奏唱国歌、疫情期间奏唱国歌等素材，制作成视频，并邀请文采好的学生撰写解说词；宣传组和我一起准备卡纸和展板。学生们在准备过程中潜移默化地加深了对国歌的了解，这种参与感和对班会的期待为班会做好了情感铺垫。我还悄悄联系了家长们，收集家长们在各自工作岗位中合唱国歌的照片和视频，收集北京师大附中学子疫情期间居家学习和参与"云升旗"的照片，希望通过家校互联的方式展开爱国教育。

班会当天，我们从昨天、今天和明天三个部分感受国歌。

在国歌的"昨天"部分，我们共同观看有关"九一八"的一小段视频，走进国歌诞生前的中国，了解抗日战争前期，东北沦丧，国家山河破碎，人民任人欺凌的民族存亡之际，中国人民需要什么。然后我们观看了学生表演聂耳、田汉创造国歌的故事，了解国歌诞生的历史，感悟国歌对"昨天"的中国人意味着什么。学生们自编自演的国歌诞生的故事感染了每一个人，也唤醒了他们深入血脉、世代相承的爱国之情，对于国歌在"昨天"的意义，他们感叹道：

> 国歌是中华民族解放的号角，在民族危亡的时刻，激励了全国人民的爱国主义精神，激发了全国人民对抗敌人的力量和勇气。
>
> 国歌是那时中华儿女的精神旗帜，是中华儿女的呐喊，给当时的中国人带来希望与力量。

在国歌的"今天"部分，我们一同观看国歌当今奏响的视频剪辑，包括北京奥运会奏唱国歌、建国 70 周年阅兵式奏唱国歌、疫情期间国内外歌唱国歌、学生家长们在各自的工作岗位上合唱国歌、学生在家里"云升旗"唱国歌的视频。一个个场景唤起了学生们的民族自豪感，观看视频后他们纷纷提出了更多让人自豪的国歌奏响的场合：也门撤侨事件中，中国人用唱国歌作为通行证；意大利为感谢中国送物资，在大街上播放中国国歌等。看着他们兴奋的脸庞，我知道，学生们已经深深感受到了国歌对于我们每一个人的意义，是凝聚力，是爱国的传承，是民族的自信，是对国家的信赖……

在国歌的"明天"部分，在唤起学生们浓浓的爱国情和深深的责任感后，我引领学生思考，大家作为新时代的青年可以通过哪些或大或小的行为，为国歌"增加分贝"。学生们此时的回答已经体现了班会的成效，如"表达对国歌的感情，每次唱国歌的时候都感情饱满，声音洪亮""从小事做起，如垃圾分类，响应国家号召"等，但是我总觉得还缺少点什么。作为新时代的青年这些也许是足够的，但是作为北京师大附中的学生，作为赵世炎和钱学森的校友，作为钱班学子，我希望我们的学生可以意识到他们肩上更重的责任。因此，我引导学生们畅想第二个百年目标实现的时候是哪一年，大家届时是多少岁，那时的他们将会在怎样的岗位上为国歌"增分贝"呢？学生闭眼畅想自己30年后因为在自身工作岗位上的杰出贡献而获奖，在颁奖典礼上国歌因他们而奏响。随后，他们将自己畅想中的职业理想写在心形卡纸上，将卡纸贴在以祖国疆土为背景的展板上，分享了自己的职业梦想和原因。

有的学生渴望成为科学家，为祖国做出贡献。有的学生希望做一名建筑师："不仅设计建筑大楼，而且建设祖国。"有人想和我一样做一名教师："因为教师是人类灵魂的工程师，我觉得成为教师可以培育人才，通过传承的方式为祖国做贡献。"还有人想做一名普通的警察："我的父母都是狱警，虽然这个职业很平凡，但我从父母身上看到了警察的重要，我想以这种方式报效祖国。"

听着学生们的分享，我的泪水浸湿了眼眶，我从大家的分享中看到了一条纽带，把学生们和国家，把每个人的职业发展和国家的命运紧密联系在一起的纽带，这条纽带就是国歌。 通过对国歌"昨天"的了解、"今天"的感受和"明天"的畅想，学生们意识到自己肩上的重任，要以国歌为纽带，将自己的职业理想和祖国命运紧密结合，有使命、有担当、有志气，通过自己的奋斗，为国歌"增加分贝"。

唱国歌之魂，赴国歌之召

班会之后，我和每一位学生都在悄然改变着：作为老师，我以身作则，每次升旗仪式都站在班级前面，用最响亮的声音歌唱国歌；学生们也开始渐渐地张开了嘴，放开了声音，从小声唱到大声唱，从机械地歌唱到满怀热情地歌唱。 每次唱响国歌，我们都唱出国歌之魂。

我还让宣传委员将大家分享的职业梦想做成了一期板报，陪伴了同学们两月有余。 每天，看着贴满大家职业梦想的中国版图的展板，学生们似乎学习起来也更有干劲。 在期末反思中，大家不仅反思了自己本次考试的得失，还有许多学生自发地结合自己的职业梦想，分析了自己的不足与问题，为之后的两年半的学习做出了通往自己职业梦想的路径规划。 看来，这次班会真的带领很多学生奔赴国歌之召唤。

虽然取得了很好的教育效果，但是爱国主义教育永远不能停止。 古有顾炎武发出"天下兴亡，匹夫有责"的感慨，今有周恩来的"为中华之崛起而读书"的志气。 钱班既然以钱学森为精神支柱，也须像钱学森一样有格局、有境界、有担当、有责任、有能力，而钱学森诸多品质的核心就是爱国。

在本次爱国主义班会的筹备、开展、反思过程中，我更意识到了爱国不能靠说教与要求，而是要寻找合适契机，精心设计场景，引导学生感受。 愿我和我们班的孩子们一同系紧我们与祖国的纽带，一同了解祖国的历史与过去，一同为祖国的未来做贡献。

我和我的祖国

桂　洲

爱国主义的教育契机来了

　　爱国主义是中华民族的民族心和民族魂，是中华民族生生不息的"精神脐带"。 对青少年进行爱国主义教育是中学德育的责任和重要组成部分，但如何找到合适的教育契机，如何让爱国主义教育触及学生心灵，不流于形式，是很多老师头疼的问题。

　　2019 年恰逢中华人民共和国成立 70 周年。 70 周年庆典在北京如火如荼地筹备和展开，这正是一个爱国主义教育的大好契机。 身处二环中心的北京师大附中的师生每天上下学途中都能够感受到热烈的爱国氛围：装扮一新的街道、紧张有序的安保工作、深夜长安街上整齐划一的队列演练、从头顶上空隆隆飞过的拉着彩烟的飞机、在道路上列队而行的坦克……种种画面都十分令人震撼。 为了提高学生的参与感，唤起学生的爱国之情，学校举办了一系列大型活动；耳濡目染，学生也常常相聚讨论，思考自己如何为祖国的华诞献礼，现在和将来如何为国家效力。 我意识到，契机来了，此时开展"我和我的祖国"主题班会，正是顺应时代浪潮，迎合学生需求，具有切实意义的！

班委会的创意

设计准备主题班会不是班主任一个人的事，班主任应该为学生搭建平台，帮助学生展示才华。这次主题班会，我决定和班干部们一起商量、制订活动方案，最大程度地发挥班干部的作用，号召全班同学都参与进来。班委会上，班干部们对这个切合时事的主题很兴奋，他们展开了七嘴八舌的讨论，最后针对主题提出了两种方案：一是按时间顺序，讲述与中华人民共和国有关的重大历史事件，让学生们回顾祖国在艰难中成长的历史，迸发爱国热情；二是按空间顺序，以小品的形式表现当下的全国不同民族人民的幸福生活的状态，让学生们在欢乐中珍惜当下的幸福生活。经过激烈讨论，鉴于我们的学生多是在北京成长起来的，我们决定选择第一个方案的主要脉络，即以时间顺序，呈现重大历史事件，最终落脚于珍惜当下的美好生活。在具体环节上，一些学生会演绎英雄的故事，以期引发全班的讨论和深思。接下来，班委会研讨出此次班会的四大结构板块：串词开场，历史视频；表演英雄，赞美楷模；诉说体会，歌唱祖国；书写祝福，砥砺奋进。最后，班干部们投票选出了亲和力最强、反应最敏捷的两位班长做主持人，并认领了视频转运使、小剧场导演、剧本撰写人、合唱总指挥等角色。

准备过程中，班干部们展现了非凡的创意和自主性，出现细节问题时，他们也积极动员全班同学，发挥集体的智慧和力量将问题一一解决。

关注心灵的班会

串词开场，历史视频

班会课上，主持人的开场白将我们带回历史的长河，领我们回忆往昔："今年，《我和我的祖国》在大街小巷传唱。人们歌唱祖国的繁荣昌盛，歌唱人民的美好生活，各行各业、世界各地的华人都在热烈地表达着这种情感——爱国。如今的幸福生活来之不易！回望战争年代，无数先烈、仁人志士，孜孜不倦，探索不休，抛头颅，洒热血，为成就解放事业而奋斗。终于，70 年前，毛泽东主席在天安门城楼宣布中华人民共和国成立了，一个新时代开启了。我们是五星红旗下长大的孩子，我们共同拥有一个响亮的名字——中国人。"

"中华人民共和国的成立"视频将同学们拉回了那个战乱频仍、百废待兴的时代。同学们受到视频中质朴而热烈的爱国情绪的感染，联想到如今祖国的繁荣昌盛，自豪感油然而生。

表演英雄，赞美楷模

接下来，主持人请学生们设想和讨论，在祖国遭受严峻考验的时候，学生们会怎样行动。之后引出"钱学森归国"小剧场表演环节："1950 年的美国科技发达、生活优渥。在新中国建设初期，积贫积弱，环境艰苦，百废待兴。钱学森立志回归，报效祖国，但让钱学森和夫人没想到的是，他们踏上了一段坎坷的旅程。经历了这么多困难，他们后悔吗？"

钱学森(生 1 饰)：我想，我欠你一个道歉，你有着非凡的歌唱天赋，勤奋又聪明，你应该成为大师的，因为我回国，因为我的事业，中国失去了一个歌唱家。

蒋英(生 2 饰)：我给你讲一个故事，牧师在丘吉尔的母亲临终前问他，你有什么遗憾吗，她说我一辈子都没有遗憾，因为我生了一个丘吉尔。我这种比喻也许不恰当，但我想说，这个国家可以没有蒋英这样的歌唱家，但不能没有钱学森这样的科学家，我愿意为此做出牺牲，这不是遗憾，这叫光荣。

　　旁白(生 3 朗读)：回国后，钱学森和与他志同道合的朋友们一起，铸就了"两弹一星"的民族奇迹，钱学森被誉为"中国航天之父""中国导弹之父""火箭之王""中国自动化控制之父"。钱学森是中华人民共和国建设时代的楷模。这是班内同学创作的对联：

　　一代科学巨擘 丹心图强 谱航天华章 懋功岂惟两弹

　　吾邦民族惊奇 赤子报国 铸军工重器 崇勋无愧五师

诉说体会，歌唱祖国

　　接下来，参加国庆合唱方队的学生代表分享了刻苦排练、亲历阅兵仪式的体验，交流了收获。

　　我能来到天安门广场，作为合唱团的一员参加祖国母亲 70 岁生日的庆祝盛典，是至高无上的光荣，我非常激动。我看到受阅部队、军乐团、游行队伍、合唱团、观众们，都尽己所能做到最好，共同迎接这盛世华诞。我们不管身体多么疲惫，心底那份坚守都从未改变。每一首歌都深深印刻在我的脑海中，化作泪水充盈了我的眼眶。我记得放飞鸽子和气球的时候，我们都抬头仰望天空，好像它们承载着希望与梦想，它们正飞向远方，这美好的感觉让我久久难以忘怀。当现场响起雷鸣般的掌声，同学们互相祝福、拥抱时，大家的眉宇间满是幸福和青春朝气。感谢领导给我这次机会，感谢老师们的悉心陪伴，祝福伟大祖国 70 岁生日快乐！繁荣昌盛，国富民强！(生 4)

　　回忆着凌晨两点起床，顶着黑眼圈的我们；回忆着训练场上晕倒，却依然坚持排练的我们；回忆着在大巴车上吃冷餐包，侧身睡着的我们；回忆着通宵排练，只穿着短袖的我们……我都会瞬间泪目。两个多月，七十个日夜，三十九个人，二十首歌与一段最美好的回忆。这个夏天，感谢相遇，感谢陪伴。这个夏天，有你们真好！(生 5)

从"黑匣子"到金帆音乐厅，从中国传媒大学到军营，从北京建筑大学到阅兵村，从清华大学到天安门广场。排练的过程真的艰辛，有的时候我们会排练到凌晨，有的时候我们凌晨起来排练一宿。但当我看到阅兵式和群众游行时，我觉得一切都值了。（生6）

当香港特别行政区的紫荆花花车出来时，我们唱的是《我属于中国》。花车徐徐开来，我们唱道："啊——你用永照人间的日月告诉我，你用奔腾不息的江河告诉我，我属于你啊，我的中国。"游行的人们热烈地挥舞中国国旗和香港特别行政区区旗。我瞬间热泪盈眶，香港是祖国不可分割的一部分！（生7）

同学们在合唱同学的带领下，合唱《我和我的祖国》，在动人的歌声中悄然播下了爱国、和谐、团结的种子。

书写祝福，砥砺奋进

学生们听完分享，也在纸上书写自己的感悟和祝福。

向钱老学习，努力学习，提升自己，随时准备为祖国挺身而出。

我和我的祖国，一刻也不能分割。

坚定理想，我要成为一名科学家，把自己的理想和祖国的前途联系在一起。

好好学习，为中华崛起而读书。

祝福祖国繁荣昌盛。

恰同学少年，风华正茂。

⋯⋯⋯⋯⋯⋯

学生们分享彼此的感想和祝福，在感动和欢乐中将纸条贴在黑板上，拼成爱心形状。

我很喜欢这样一句话："热爱祖国"是一种最纯洁、最敏锐、最高尚、最强烈、最温柔、最有情、最温存、最严酷的感情。 一个真正热爱祖国的人,在各个方面都是一个真正的人。 中华人民共和国成立 70 周年的庆典,是国家对每个人进行的一次爱国主义教育。 教师要把握住合适的契机,开展关注学生实际生活体验的、发挥学生创意的主题教育活动,让爱国主义教育真正触及学生心灵。

歌声唤起爱国情

刘奕菲

适逢中华人民共和国成立 70 周年，我校 40 余名师生亲历现场参与了"新中国成立 70 周年庆祝大会"的演出。作为音乐教师的我，主要承担了合唱排练工作，并与学生们一起完成了庆祝大会当天在群众游行广场合唱的任务，我们共演唱了 18 首爱国歌曲。

2019 年 7 月，暑假刚刚开始，同学们就拿到了歌曲的乐谱，而我接下来要做的，就是帮助大家在两周内学会并且全部背熟这 18 首歌，从而顺利对接后续的合练工作。学唱初始，面对一首首颇有年代感的红色歌曲，不难看出学生们有小小的畏难情绪。《没有共产党就没有新中国》《社会主义好》这些歌的"岁数"，恐怕比他们爷爷、奶奶的年龄还要大了，如此年代久远的歌曲，学生们既难理解歌曲的创作背景，也不适应其创作手法、歌词语言的表达方式等，就更谈不上喜欢和愿意唱了。可广场合唱任务可不仅仅是唱歌，还要求学生们精神饱满、表情到位、满怀激情……若无发自内心的理解和热爱，精神面貌从何而来？"装"是装不出来的，艺术可容不得半点虚情假意。

"我爱你，中国"

曲目量庞大、排练时间紧迫、作品太有"距离感"，这些都是学歌的障碍。 为了让学生们接受这些颇有年代感的老歌，并且顺利学唱、背熟，我先针对每首作品进行了细致的分析与研读，查阅创作背景，收集不同时代的不同演唱版本、相关演出录像等，力图使学生在学唱一首歌的同时，能真正理解、深刻认识这部经典作品。 从而在每次歌唱时，他们都能够发自内心地热爱其中的每一段旋律、每一句歌词，能唱得更加动情。

《我爱你，中国》这首歌在国庆 70 周年前夕就已经在全国各地再度翻唱、演绎，传播度甚广，学生们对其旋律并不陌生，也没什么新鲜感。 于是，我针对这首歌曲，精选出四个版本放给学生听：由我校校友叶佩英女士演唱的电影《海外赤子》中的电影原声插曲，这是这首歌最早的版本；在今天众多翻唱版本中脱颖而出的 "阿卡贝拉" 版本，代表了新时代年轻人的歌声；首唱者叶佩英女士于 80 岁高龄之时，站在舞台上唱响《我爱你，中国》的现场录像，几十年时光飞逝，虽她的噪音已不复年轻，但在颤抖的歌声中传递出的浓浓故土情、赤子心却愈发浓烈，令人难忘；最后是小提琴演奏的纯音乐版《我爱你，中国》，弦乐的音色有其独特优势，其如泣如诉的旋律线条也十分适合引导学生找到演唱时的气息连贯与乐句歌唱性。

学生们围绕着诸多音乐版本展开欣赏，在一次次被打动的过程中，对歌曲的情感体会也一层层深入，再唱起来，歌声里就满是亲切与真挚了。

"我属于你，中国"

在众多合唱曲目中，不乏一些颇有演唱难度的歌曲，需要歌唱技巧的加持。 但初中生尚未脱离童声阶段，若照搬成年人的练声方式去训练，容易失去了童声中与生俱来的纯真与美感。 像《在希望的田野上》中大量的一字多音对应长线条的旋律快速跑动，还有《我属于中国》一张口的极高音——小字二组 G，同时还要保持气息充足唱满八拍……类似这样的歌曲，对学生们都是不小的挑战。而且，伴随歌唱难度增大，高音区本身也容易使演唱者感到紧张，不知不觉中就把注意力集中到嗓子上面，而忽略了音乐所要传递的情感。

每当这时，我会先让学生们放松下来，暂时忘却和自己嗓子较劲的状态，坐下来完整欣赏歌曲，听一听在我们的合唱部分之后，旋律在表达什么，歌词唱了什么。

> 你说我是你遥远的星辰，从前的天空也有我的闪烁。
>
> 你说我是你失收的种子，从前的大地也有我的花朵……
>
> 你用永照人间的日月告诉我，你用奔腾不息的江河告诉我，
>
> 我属于你啊，我的中国！

聆听过后，学生们纷纷表示，《我属于中国》的歌词写得虽十分含蓄内敛，却透着浓浓深情，又觉得似乎有更深层含义隐藏其中，于是一场激烈的讨论被引发了。有的学生认为，歌词是在通过回顾风雨飘摇的历史，表达对祖国的热爱与希望；有的学生说，这是漂泊在外的游子对祖国母亲的依恋；还有的学生表示，这表达了祖国对华夏儿女的思念。带着这些理解，学生再一次聆听了要完成的合唱部分，他们突然理解了，合唱部分的极高音与足足要唱满八拍的感叹词"啊——"，其实就是由"倾诉"到"告白"的过程，也体现了人们对祖国的依恋与归属感，是由内而外的逐渐唤起、逐渐积蓄之后的呐喊。再加上第三句叹气似的旋律下行后，伴奏中突然流入的二胡旋律，仿佛娓娓道来的诉说。学生纷纷表示，有了想要落泪的冲动。

在这样一系列的铺垫过后，学生们的情绪已经就位，对于集体演唱跃跃欲试。这时只需要适当的引导找到气息支持，经过简单的声音训练之后，学生带着感情再次唱起，声音自然更加松弛、饱满，以情带声，歌声也就更能打动人心。

国庆节当天，我们站在天安门广场上唱响这句"我属于你啊，我的中国"时，伴随着歌声的是缓缓经过长安街的"香港、澳门回归"彩车，那一刻，我被深深地震撼了，这种感觉我久久不能忘怀。演出后，学生们也回忆说："唱了千百遍，没想到这首歌背后还有这层巧妙构思，回首这一年祖国经历的事，真的令我热泪盈眶。"

趁热打铁，课堂分享

就这样，伴随着国庆前训练的逐步推进，这些曾让学生们感到陌生与排斥的老歌、红歌，也逐渐生动、好听起来，学生也慢慢喜欢上了他们所唱的歌曲。真正经典的作品都是用心写成的，是经得起时代考验、历久弥新的，所以也会越唱越动人。

除此之外，在越来越漫长和辛苦的合练期间，我还注意到了学生们一些自发的兴趣点——聆听军乐团的演奏。每次在合唱队休息的时候，学生们会饶有兴趣地仔细辨别并记忆军乐团演奏的乐曲，回家之后还会在群里互相交流，并对寻找这些曲目表现出了极大兴趣，还曾经在群里掀起了一阵"军乐团曲目猜歌"热潮。事实证明，国庆演练期间学生们疯狂喜爱却不知道曲名的一些乐曲，在国庆之后也瞬间成了热门乐曲，比如，国庆后曾风靡一时的《钢铁洪流进行曲》，至今仍在年轻人常用的网站上热度颇高，依然被很多人以不同乐器重新演奏着，成了一种独特的时代潮流。于是，国庆过后，我趁热打铁，设计了一节对接时事的音乐课，将这场国庆盛典背后的音乐奥秘通过一些经典作品分享给了未能亲历现场的学生。为避免说教式的爱国主义音乐教育，我将课名定为"国庆70周年特辑——揭秘群众游行中的BGM"。BGM即"背景音乐"，我希望能更贴近当代中学生的语言风格。

在这一堂课中，我引导学生们逐段赏析了由我国著名作曲家吕其明于

1965 年创作的交响诗《红旗颂》，感受了其作为国庆开场曲目的恢宏大气；学唱了由陕北民歌旋律改编填词的经典老歌《东方红》，并聆听了那一重要历史时刻的特殊声音——1970 年中国第一颗人造卫星"东方红一号"发射成功，同一时间，它通过 20 MHz 短波发射系统反复向地面播送了《东方红》乐曲的前八小节旋律——这旋律不仅标志着我国科技的进步，也是人类遨游太空，向广袤的宇宙发出的生命信号，这是一个时代的音乐符号，深深烙印在每个中国人的心中。课上，全班同学屏气凝神、静静倾听的那一刻，学生们用闪着光亮的眼神，将无法用语言传递的感动与震撼人心的力量，告诉了我。

对中学生来说，"爱国"是什么？这个答案通过说教和喊口号来找到会过于简单，亲身参与和强烈直观的体验，才能令"爱国"直抵学生内心。音乐恰恰在这方面更具优势，音乐容易唤起情绪、激发情感、浸润心灵。同时，我结合学科特点将"爱国"这一情感具象化，以学生能感知到的音乐元素呈现出来，尽可能多地创设情境、开展音乐实践，让学生在歌唱与聆听中，深刻地感受到祖国在 70 年间风雨兼程中的沧桑巨变。是祖国的繁荣昌盛，让今天的我们能够满怀豪情地站在天安门广场上高歌。那些曾激励过无数中国人的歌声，不仅回荡在广场上空，激荡在学生们的心中，更会代代传承。

英雄的生命开鲜花

余佳蔚

英雄教育迫在眉睫

适逢春季学期开学，我惊喜地发现，魏巍的《谁是最可爱的人》重新回到了教科书中。这篇曾经深深影响过我的报告文学如今由我教给我的学生，我的心中既有些激动又有些担忧。激动的是，这篇为人民子弟兵树起一座丰碑的散文可挖掘的地方实在太多了；担忧的是，十二三岁的学生们，他们生活的年代与文章写就的时候距离很远，他们能理解并认同这篇红色作品吗？

"家国情怀，是人类共有的一种朴素情感，它意味着热爱祖国的大好河山，热爱家乡的土地、人民，愿意为保家卫国奉献自己的一切……"听着学生逐渐低沉、渐渐消失的声音，我意识到，还是孩子的他们，虽然将"无私""奉献"常挂在嘴边，但对英雄的历史知之甚少；虽然"尊重""爱国"的内涵他们都懂，但真正的认同感却很是缺失。

彼时，班级里发生的两件风波，也让我感到英雄教育迫在眉睫。

在学习完《说和做——记闻一多先生言行片段》后，我在班里播放了电影《建国大业》中闻一多演讲的片段："正义是杀不完的，因为真理永远存在！"学生们确实深受感动，但有几个"淘气包"开始在课间休息时反复模仿闻一多的这句话，模仿完还哈哈大笑。在单元测验中，也有学生在未答出的题目旁写下了"正义是杀不完的"，这让我哭笑不得。

开学后，在食堂发生的"桌长事件"是让我下定决心要进行一次英雄教育的直接原因。

学生们在食堂就餐时要由桌长带领，但选举出小小的桌长却让我犯了难。几乎所有桌的同学都逃避或拒绝当桌长，大家用小手彼此指着说："老师，选他……"心里有些气恼的我冷静下来，利用午自习时间进行了责任调查，让孩子们解释不愿担任桌长的原因。"当桌长太麻烦了，还要督促同学擦好桌子，管好卫生！""当了桌长会占用我的时间，我想用这段时间写作业或者休息。""我觉得我做桌长也做不好……""我觉得有些同学就是怕麻烦，怕负责任。"……

收集到孩子们不同的回答后，我开始着手准备以"崇尚英雄"为主题的班会，希望借此让学生受到熏陶和教育，尊重和爱护英雄形象，以此激发他们的爱国情怀和责任意识。针对他们不熟悉英雄的情况，我从学校的历史入手，拉近英雄与学生的距离；针对他们不了解历史背景的情况，我精心选择了革命短片作为素材；为了让他们意识到英雄就在身边，我收集了时事素材。总之，万事俱备，只欠东风。

英雄的危机

班会伊始，我开门见山地问："英雄，是中华民族的脊梁。那么，你都知道哪些英雄人物呢？"一个问题抛出后，孩子们在短暂的思考后，纷纷举手作答：

"我认为张定宇医生是英雄。他身患渐冻症，却始终奋斗在武汉抗疫前线，奋斗在金银潭医院的前线。"

"我觉得康有为是一名英雄。他一直在积极寻找治国良方。"

"'感动中国 2020 年度人物'自然资源部第一大地测量队是英雄，他们的双脚或双腿因测量工作冻伤甚至截肢，他们有为科学献身的宝贵精神。"

"我认为因戍守边关而牺牲的四位战士是英雄。"

…………

我发现大多数学生关注了医护工作者、"感动中国"的获奖者，有近一半的学生并不知道"戍边英雄"的故事，而了解抗日战争、抗美援朝战争中的英雄的学生就更少了。

我定定精神，有些神秘地对孩子们说道："大家谈到的这些英雄，都有伟大的人格，值得我们以他们为榜样。但是现在，英雄却遭遇到了前所未有的危机。大家说该怎么办呢？"

孩子们一头雾水："老师，什么危机呢？"

我不慌不忙地展示课件，出示丑化英烈的一些报道和图片。

孩子们一个个瞪大了眼睛，陷入了漫长的沉默思考之中。终于，一个个小手举起来了，对刚才放映的报道和图片做出积极的回应。

"1840 年的鸦片战争，虽然引发了中国与外国列强的交战，但交战是迟早的事，在交战中也能看到我国的国力是多么衰弱！并不是因为林则徐虎门销烟而引起了战争。"

"邱少云为掩护同行战友，一动不动，最终在大火中壮烈牺牲。我们不能因为其看起来的不可能性就否定其存在。"

"我是比较了解钱学森的。他是一个天才型的人物，一个人能顶五个师，这样的人美国怎么会不挽留？这样的钱学森又怎么会拿不到美国国籍呢？"

"钟南山院士在 2020 年初奔赴前线，果断判定了'人传人'现象。没有他，中国的疫情防控工作不会这么迅速。"

…………

我看着他们一张张有些义愤填膺的小脸，觉得讨论已经充分，总结道："习近平总书记曾说，一个有希望的民族不能没有英雄，一个有前途的国家不能没有先锋。我们的英雄，必将由我们来守护；我们的国家，也要保护我们的英雄。

同学们，《英雄烈士保护法》于 2018 年 4 月 27 日由全国人民代表大会常委会审议通过，我们只有尊崇烈士、缅怀烈士、保护烈士，才能让人们感受到牺牲是伟大的。那么，就让我们通过一个剪辑的小视频，去追忆近现代史上的这些英雄。"

崇尚英雄

一段近 5 分钟的视频，将中国晚清以来革命烈士探索救亡图存的关键事件一一进行展现，汇集了《建国大业》《建党伟业》等经典影片的片段，使人看了深受振奋。在昏暗的多媒体光线中，孩子们一动不动、目不转睛地盯着那些英雄伟人，不说一句话。影片放完，全班陷入了寂静。

我打破了寂静："谁愿来分享一下，刚才的影片最打动你的是什么？"

"打动我的是毛主席的那几个决绝的镜头和坚毅的话语。"

"最使我受到触动的是学生、农民、工人等被国民党反动派杀害，中华民族确实到了关键性的危急时刻。"

"我对那位抗美援朝的老兵印象很深。他说：'我的背后是祖国，祖国一直支撑着我。'"

当这个孩子分享完对抗美援朝老兵的看法后，我请一位同学朗读魏巍《谁是最可爱的人》中的经典片段。因为没有准备，这个孩子在书上翻找了好一会儿，但大家都安安静静地坐好，没有人说话。

"……有一个战士，他手里还紧握着一个手榴弹，弹体上沾满脑浆；

和他死在一起的美国士兵，脑浆迸裂，涂了一地。另一个战士，嘴里还衔着敌人的半块耳朵。在掩埋烈士遗体的时候，由于他们两手扣着，把敌人抱得那样紧，分都分不开，以致把有些人的手指都掰断了……"

女孩子读得很慢，读得小心翼翼，仿佛一不小心，就会吵醒了那些沉眠的英雄。

我总结道："孩子们，英雄的精神，永不褪色。在当下，我们以各种形式纪念着这些英烈们。从历史上的那些为国捐躯、为了理想和信念牺牲的人，到当下新冠疫情中前赴后继的医护英雄，再到平凡世界中每一个为祖国、为集体慷慨付出的人，其实都是英雄。他们无私，他们不计得失，他们勇于承担责任。那么，我们是不是也该为集体、为国家、为民族献出一分力量呢？"

全班沉默了。话音刚落，刚好下课。我留了最后一项作业：你有什么想对英雄说的话？

意外的惊喜

一个简单的小作业，引发了孩子们不简单的思考。

有学生写道：

英雄们，你们好，如今中华盛世，山河锦绣，四海皆安。你们可以放心。几百年前，外国人用枪弹残害国民的身体，用鸦片麻痹国民的灵魂。

有人说："中国人，就是不行！"

日军侵华。浩荡的军队，残暴的罪行……中国人已然意识到危机。反抗，死；不反抗，死！反正都是死路一条，那就以命相搏。欲寄血泪与山河，去洒东山一抔土！

有人说："中国人的勇气倒是挺值得敬佩，但归根结底还是不行。"

先辈们听惯了这句话，但他们不想让我们再听。几十年的风雨历程，几十年的持之以恒，中国成功了！第一颗原子弹，第一颗氢弹，第一枚火箭，第一颗卫星！

"中国人，怎么不行啊？"钱学森问。

也有学生写道：

陈祥榕烈士，你好。牺牲时，你才只有 18 岁。还未脱去稚气的你，也已扛起了国家的责任、重担。谁说"00 后"不吃苦？谁说"00后"怕死？突入重围，奋力反击，你永远定格在了保护营长的那个姿势。

也有学生谈道：

我们感谢你们的奋不顾身，我们敬佩你们的大公无私。或许我们不知道你叫什么，可我们知道，你们叫英雄。可能我们真的不能为你们做点什么，但我们可以骄傲地说，"这盛世，如您所愿"。

没想到一个小小的对话作业，竟也能挖掘出这么多惊喜。 "为什么战旗美如画，英雄的鲜血染红了它；为什么大地春常在，英雄的生命开鲜花。"英雄教育，让英雄的精神开始在孩子们的心灵世界扎下深根。

我们常说爱国主义教育容易感动自己，却很难感动学生，实际上，对于十几岁的孩子而言，人生观和价值观更需要教师的引领。 有了英雄教育，可以激发学生的爱国主义情怀；有了英雄教育，可以培养他们的责任意识；有了英雄教育，可以引领学生广阔的人生胸怀。 英雄教育，从现在做起，为中国共产党百年华诞及北京师大附中 120 周年校庆献礼。

用优秀的文化滋养学子生命

关于加强学校班级文化建设的若干思考

梁原草

一个时期以来，学校德育加强了宏观引领，向班主任和其他德育工作者提出了引领、关怀、启发、激励的核心价值理念，也向全校同学提出了具有北京师大附中特点的"四有"（有梦想、有教养、有境界、有担当）目标，倡导、推动了学生自主管理。应该说，这些思路既包含了理念层面又包含了目标层面，还包含了方法和途径层面，是比较清晰的、明确的。同时，学校教导处加强了德育常规管理，尤其加强了文明礼貌、环境卫生、校园秩序等方面管理力度，各年级积极响应，班主任们扎实工作，采取了一系列措施，成效也能明显感受得出来。在此基础上，德育部门又提出来一个看似寻常其实很不容易达到的工作目标，要求"越来越好、一年比一年好"，即学校德育的总体面貌明天比今天好，下个月比这个月好，下学期比上学期好，高年级比低年级好，高中比初中好……总之，进入北京师大附中受教育的时间越长，学生在德育方面应该呈现整体的进步趋势，而不是相反。只有真正做到了这样，北京师大附中才能有真进步，才有希望实现全面恢复北京师大附中历史荣光的宏伟目标。现在大家普遍感觉到的一个问题是，部分学生学习动机模糊，缺乏学习的内在动力和自主学习的意识，由此带来整体精神面貌不能尽如人意。

据此，我主张以加强班级文化建设作为解决当前德育瓶颈，进而推动学校教育教学工作的根本措施。下面谈谈我的几点想法，供大家讨论、参考。

班级有没有可能形成文化？

既然班级文化是班级所有或部分成员共有的信念、价值观、态度的复合体，那就意味着，它的形成不可能是偶然的、短期的。一个班级的存在，短则一年，长则三年，在这样一个时期内能不能形成班级绝大部分人共同追求、共同认可的信念、态度、价值观等精神理念呢？我个人认为是可以的，也有许多成功的例证可以证明这一点。一般地说，一所新学校，三年之内不可能形成学校文化，那是因为学校文化的内涵与班级文化很不相同，形成的过程要复杂得多、困难得多。班级文化则不然，它只是学校文化具体而微的一个小点或一条线，是学校文化的个性之一，只要设计得当、科学，引导得力，短时期内完全能够较快地形成。1988年，我初到北京师大附中任高一（3）班班主任，同时教授王京华老师任班主任的高一（2）班的语文课，以我的判断，我认为这两个班大致都在高一下学期和高二上学期左右形成了自己的班级文化：前者热情活跃、独立执着、正直坦率；后者严谨内敛、淳朴亲厚、勤勉自强。这两个班的同学高中三年各方面都有较好的发展，高考也取得了很好的成绩。

班主任应怎样认识自己的角色任务？

毫无疑问，班级文化建设的主体是学生，但设计者和引领者则必然是教师，尤其是班主任。多年来，由于各方面的原因，确实有一些班主任是在充当着保姆的角色或消防员的角色，比这略胜一筹的则是充当着知识和道理的传播者的角色。班主任在班级管理的模式上，也大致形成权威管理、情感管理、制度管理、文化管理几种类型和层次。

南京师范大学班华教授认为，一个合格的、成熟的、优秀的班主任，必须具有正确的教育观、学生观、价值观、人生观，对班主任这一角色，必须从以下几个方面来综合认识：

第一，班主任是对学生实施教育和管理的主任教师；

第二，班主任是班级活动的重要组织者；

第三，班主任是关心学生全面发展的主要教师；

第四，班主任是学生的主要精神关怀者；

第五，班主任是学生成长过程中的"重要他人"。

一句话，班主任是在一个班级中贯彻党的教育方针、实现人才培养目标的主要责任人。其中，精神关怀（关怀学生的精神生活、精神发展）应是班主任教育活动的核心内容。要综合地充任好上述角色，不仅要求班主任熟练掌握教育学原理，具有教育的自觉意识，教育行为自觉遵循教育规律，而且要求班主任必须摆脱"保姆""消防员"和单纯"布道者"的角色局限，在班级管理上也应该采取以文化管理为主多种模式兼容的方式。

怎样进行班级文化建设？

班级文化自 20 世纪 30 年代首次提出以来，国内外都有一些研究成果，形成了一些基本共识。根据常见提法，我把它分为四方面：

第一，精神文化。主要指班级价值观和班级精神。价值观是指个人对客观事物及对自己行为结果的意义、作用、效果和重要性的总体评价，它既是人的动机和行为模式的统帅，又是决定一个人行为及态度的基础。班级价值观，既包括班级共有的或大部分人具有的价值观，即一个班级所秉持的基本信念和奉行的基本准则（它是班级基本的精神支持，体现在班级特色、行为的导向和规范各方面），又包括学生个体的价值观，即每一个学生对生活意义的看法，对学习目的的看法，对个人与集体、个人与社会、自己与他人关系的看法，等等。它不仅是精神文化中的灵魂，也是整个班级文化中的灵魂。建设班级文化，重中之重，就是培育和树立班级的价值观、班级形象和荣誉，如以钱学森、精神文明来命名一个班级的做法。精神文化的培育过程，应该是全班同学整体的参与过程。由于初高中学生价值观尚在形成过程之中，不确定、不稳定，甚至有可能不正确，教师（主要是班主任）的作用就显得尤为重要。可以由教师引领，在社会主义核心价值体系框架内，提出具有本班特点和个性的价值目标，也可以组建一段时间后，根据班级表现出来的健康积极价值追求，师生共同提炼出来。确立以后就应以多种形式（主要有班训、班徽、班旗、班歌）表达出来，供全班同学共同遵循。表达应力求简洁易懂，应力求能够激励人心，而且必须坚持不懈地宣传，务求深入人心，体现在行动中。班级可以在班内外树立自己的价值榜样和楷模。

第二，制度文化。主要包括班级的组织结构（如班委、团支部、各类小组）和班级制度（主要包括班规班纪、公约、奖惩规定、与家长沟通的制度、与教师交流沟通制度、班日志等）。班级制度文化的建设，首先是要健全，重要方面不能有遗漏，使得师生能够"依法治班"；其次是要为学生提供一个制度化的法制环境，为学生提供评定品格和行为的尺度，从而使每一个学生时时都在一定的准则规范下自觉地约束自己的言行，使之朝着符合班级的群体利益、符合教育培养目标的方向发展。在班级制度的各项条文中，应突出精神风貌、价值观念、作风态度等具有文化气息的条款。

第三，物质文化。包括教室的布置美化，座位的排列方式，环境的卫生整洁，图书角、绿植角的设计，等等。由于学校规定等原因，教室方寸内可设计的余地较小，但也并非无可作为，起码应该做到窗明几净、朴素大方，可以做到温馨、舒适、高雅，力争做到别致、个性、怡情。

第四，行为文化。主要指学生的作风、习惯、精神风貌以及教师和学生干部的管理作风、决策风格等，简言之，就是班风班貌。比如，是不是民主和谐，是不是相互尊重，是不是乐于助人，是不是积极进取，是不是敢战必胜，是不是充满好奇，是不是尊重规则，等等。行为文化自身有一个建设过程，在一定意义上，也可以说是班级其他文化在师生行为中的外化和体现，在一定程度上反映班级文化建设的结果和影响。

最后，也许有必要说一句，建设班级文化，必须特别注意且及时遏止班级中的不良风气，诸如疏离冷漠、偏激叛逆、游戏玩乐甚至违法犯罪等。

为了骨子里的那份高贵

许洪发

八班日志记录了我们步入高中后第一年的学习生活。这是我人生中写完的第一本日志，我愿称之为"第一本书"。它由每个八班人的点点滴滴校园生活组成，由我们共同经历过的酸甜苦辣组成。它，象征着我们永不言败的坚强意志，象征着我们昂首向前的拼搏精神，充满了我们共同拥有的爱的力量。这本日志承载了我们一整年高一时光，见证了我们的汗水、眼泪、欢笑，和我们创造的无数奇迹。

我曾经设想自己毕业之时再次翻开它的场景，当我看见自己两年前的笔迹，重读自己两年前写下的充满热血与激情的文字，我会是怎样的感觉呢？今天，这一刻终于来临，我平静地翻开它的第一页——上面书写的是：八班精神存在于每一个八班人的灵魂里，这是我们共同的骄傲！

班级日志执笔者：八班 郭同学

我的职业生涯是由一个又一个的三年组成的。 于我而言，每个三年并无太大差别，久而久之，也许它终将归于平淡、坦然。 但每一个三年，于学生而言，都是他们生命中独特的三年。 茫茫人海，师生的相遇是小概率事件，更是缘分。

2012年，学校领导将学校最受瞩目的一个班级——钱班交到我手上。

面对这份沉甸甸的信任与期望，我在尽心尽力之余，诚惶诚恐。作为钱班的班主任，我时常在思考：充盈着科学与逻辑氛围的班级，是否更应该呼唤人文的熏陶与滋养？我意识到，这也许是之前在进行班级文化建设时遗漏的地方。

三年来，伴随着这种思考，研究与此相应的举措成为我班级工作的一部分。与零碎的日常管理工作相比，这项工作更需要系统设计，更需要各项举措之间的相互配合，形成合力。

军营洗礼，凝心聚力

优秀的班级文化必须要依附于一个极具凝聚力的班集体才能形成。而一个班集体是不是具有凝聚力，更多地取决于学生们对班级是否有认同感与归属感。因此，树立同学们的主人翁意识在班级成立之初尤为重要。

在石家庄陆军学院开展的为期 10 天的军训给了我帮助学生们树立主人翁意识的机会。军训磨炼意志、考验毅力、考验人性，当中的一系列契机都有可能为今后人生的绽放打下铺垫，哪怕是一次失意，也应看到它的价值。事已多年，我至今仍记忆犹新。开始时，大家的主人翁意识不强，缺乏担当。"别人会做好的，我跟着即可。""厉害的会站出来的，我冒出来干吗？""比我强的都不出来，我为什么要……"此类想法普遍存在。究其原因，一是班级组建初期，学生间尚未熟悉，出于自我保护，不愿过多表现自己；二是自信的缺失，学生将入学分数与做人、做事的积极程度画等号，呈现的是一种自卑心理。终于，几次评比让我们连续迎来失意，我在一个班级士气陷入历史新低的夜晚，用一次真心的对话，让全班浴火重生，成为涅槃的凤凰。"记住，如果你不站出来，就再没有人能站出来……记住，我们是一座宏伟的城堡，任何一块砖石松动，都将令整个城堡瞬间坍塌……只要你努力了，付出了，不管结果如何，我将永远以你为傲！"当中的一些话语后来成为班级格言，激励着大家勇于担当，相互扶持，一起迎接挑战，战胜困难。

脱离了情感维系的班级文化想必也不会是长久的。师生要走进彼此内心，让以心交流成为班级沟通的常态。这种交流在三年间无时无刻不在进行，师生之间就学习、生活的各种困惑，随时随地进行沟通，我们或面对面，或通过网络，让时间、空间的限制消失。也正是这种环境，使班集体具备了坚实的信任基础，强烈的认同感与归属感让班集体具有强劲的凝聚力，我们为了一个共同的目标挥洒汗水，共风雨，同进退。至今仍让我引以为豪的是，三年来，班级在学校组织的诸多活动中都取得了优秀成绩，获得了极多奖项。

所见所闻，皆指明日曙光

旅途，是一个美丽的词语。旅途给了我们美丽的回忆，也让我们在深思并获得收获后，更加清楚自己的目标，旅途唤醒我们的潜能，让我们能自信地继续人生征程。我希望游学经历成为学生人生的分水岭，帮助他们树立更积极的观念。

配合学校的传统德育活动，我在班级中组织了一系列主题文化游学活动，让学生们能在游览中学习，走近和传承中华优秀传统文化，了解、服务社会，明确使命。

学校最有特色的品牌活动之一是攀登泰山，亲临孔子故里感受中华优秀传统文化之博大精深。泰山吸引我们的，是雄伟多姿的壮丽景色，是丰富的文化遗产，更是当师生共同站在玉皇顶上举目远眺，指点江山，激扬文字之时，我们感受到的豪迈之情。曾记得我与学生冒雨登泰山，彼此扶持鼓励，登上绝顶，一览众山小之时，每个同学都感到清爽和满足。不仅是因为我们征服了泰山，更是因为我们征服了自我。

穿云梯，攀玉皇顶，登高望雾，隐众生，茫茫唯闻鸟鸣。临天际，云端聚首，畅然一笑，为风光，更为一路同行。

在泰山之巅，学生写下这样的诗句。这记忆的定格，不仅彰显了踩泰山于脚下的豪情，更有移未来人生之山的勇气和信心。

假期时，大多数学生会走出国门，到地球的某个角落发现它的别样美。因此我的一些主题班会就决定分享这种美的感悟。胡东荷、何宗涵、时宇健等同学的纪实系列班会"澳洲风情见闻与自然探秘"、刘元文的"感悟欧洲文化之旅"班会……大家通过他们的眼睛看外面的世界，仿佛置身于不同国度感受那物、景、情。

每期活动，我们均以感悟分享、班级报告、板报总结等形式将各种收获固化于心中。久而久之，同学们便自然而然将游学归来时获得的斗志灌注在每一天的生活中。一次次地仰望星空，学生们看破了遮挡前途的那一小片混沌，找到了属于自己的一盏星光。学生们更加清楚地明白自己想要什么，该做什么了。

古之立大事者，不惟有超世之才，亦必有坚忍不拔之志

苏轼有言："古之立大事者，不惟有超世之才，亦必有坚忍不拔之志。"一个极具凝聚力的集体，如想一直屹立不倒，每个人在骨子里必定还需要有大方自信的高贵、无坚不摧的信念、永不言弃的精神。而这正是一个班级文化的灵魂，也是最难形成的，它的呵护与养成贯穿于整个高中生活的每个点滴，是班主任与各科老师形成合力的结果。

我开创了以坚韧的学术精神引领意志的途径，在班里开设大学选修课程"基础物理学""微积分"等，从学习上入手，鼓励学生战胜困难，战胜自我，然后辐射到学校生活的每个部分。

在高一时的"晨鸟杯"足球比赛中，我们班凭借顽强的意志和不灭的

信念，在距比赛结束不到 10 分钟的时间里，将比分由 0：3 改写成6：5，力克强劲对手，赢得比赛胜利。 这场关键的胜利，使得我们士气大振，我们一路过关斩将，最终问鼎年级冠军。

八班靠着精神意志的大逆转，赢得了艰难的比赛，这成为全校进行班级精神建设的一个范例。 我们的同学说："八班带着傲骨前行，跌倒也会爬起，豪迈笑笑，从没有放弃。 这份傲骨使八班走到这里，也使我学会坚强。"

对一个班级而言，何为"文化"？ 借用一句老话："文化是植根于内心的修养，无须提醒的自觉，以约束为前提的自由，为别人着想的善良。"换句话说，班级文化并不是浅层的表面上热热闹闹的学生活动，而应是更深层次的，三年来在这些学生活动过程中，师生从相识到相知、相守，亲如一家，在三年里共同经历、感悟、成长，最终沉淀为班级每个人骨子里的那一种精神。 用学生的话说："踏入八班，我们选择了一条异于他人的青春路，而这正是我们班的特别之处。 三年的高中生涯，人总是会懈怠的。 但八班同学可以骄傲地说，我们从未有过一丝懈怠。 这并非因为我们真的不知疲倦，而是我们每个八班人都有一种精神，一种敢于攀登、从不畏惧的精神，一种永不言败、拼搏到底的精神！"

三年来，因学而知，因思而辨，因行而成。 《中庸》有云："博学之，审问之，慎思之，明辨之，笃行之。"与诸君共勉。

让行走化作成长的催化剂

——北京师大附中学子的"泰山行"

赵明新

在北京师大附中的学习生活中，我们会带学生离开北京，探寻远方，在行走中学习，在远足中感悟。学生们在游览中学会合作，体味成长，懂得担当。如果问学子印象深刻的事，"泰山行"绝对榜上有名。2018年5月，我作为高一（9）班的班主任，又一次参与了泰山的活动。离开北京，人员众多，攀登泰山，并伴随着其他不可预知的因素，只要是高一的老师，总会对"泰山行"有深刻的记忆。

珍视集体，体会团结互助

登泰山的学生以小组为单位，我们出行前明确规定——团队共进退。我们班的学生被分成六个小组，大家互相照应，相互鼓励，最终登顶玉皇顶。学生们在活动总结中提到的关键词包括团结、互助、集体意识等，都与团队合作息息相关。

"泰山行"之后，学生们在总结中写出了这样的收获。

爬泰山是令我感触颇深的一程，谁买了吃的一定会给全组都买，这样的情况在路上出现了不止一次。让我最感动的一个细节是，我拍照时不止一次地发现 X 和 L 一起出现在镜头里，一开始没觉得有什么，后来我才明白，L体力不好，常常气喘吁吁，走在团队最后。X其实完全有能力爬得很快，却放慢脚步和 L 一起慢慢走。他们用无言的行动默默维持着这个组的完整和团结。（A 学生）

同组的两位女生由于身体原因，速度比我们稍慢，但是组里没有一个人抱怨，而是采用了"快两段，慢一段"的方式配合她俩。两位男生分别带着她们前进，一前一后。我为他们点个大大的赞！从"红门"一直到"十八盘"，我们一直保持着整齐的队形，没有一个人落在后面！（B 学生）

我的收获很多。作为一个组长，我的责任感增强了；作为团队的一员，我明白了每一个人的力量都不可或缺。（C 学生）

感悟过程，体味坚忍不拔

每个孩子的体质不同，面对挑战时的态度也不同，但"泰山行"让很多孩子都体味了坚持。 孩子们在坚持中提升了自信，在磨炼中挑战了自我，收获了成长与感动。

我从未想过放弃，一点都没有过，我一开始就把征服它视为理所当然。但我不由得想起过去经历的一次次困难，那些因怀疑自己而与成功擦肩而过的瞬间。有时候，坚持和自信真的是成功的关键。（D 学生）

攀登泰山的经历萦绕在我脑中，坚持到底的精神也深留心中。闭上眼，迈出一步，仿佛，脚又一次踏在了那第一级石阶上。（E 学生）

"十八盘"让我体会了同学间的关心和老师的关爱，我们为争第一而相互鼓舞，在最难走的时候牵手前行，在体力耗尽近乎绝望时，有温暖的手牵着我，不离不弃的陪伴让我战胜了恐惧……（F 学生）

面对无尽阶梯，我只顾向上爬，没精力关注周围的景象。老师指着一位挑山工给我看，他并不健壮，挑着两箱矿泉水在阶梯一侧默默向上走，每个步子都沉重而坚定。被鼓舞着，我坚定了向前的脚步。我们在大观峰上一起合唱，当仰望"敕修玉皇顶"匾额的时候——我们征服了泰山！（G学生）

三孔儒风，感受文化魅力

游三孔，跟随圣贤足迹，沐儒风，倾听圣贤故事，在杏坛，我们大声齐读《论语》。体会古代的尊师重道，感受孔子的思想与教诲，每个学生都有自己的收获。巍巍泰山，五岳独尊，独一无二的摩崖石刻，无数文人墨客的描述，玉皇顶上的大雾……行走其中，似乎每一步都是收获。

在三孔的参观让我深刻地体会到了儒家文化的气氛。那种端庄和厚重是其他地方没有的，也是模仿不来的。而另一方面，其实这些圣人也是人，有着和普通人一样的忧愁和烦恼。（H学生）

明天的路就像昨日的山路，只有踏过十八盘，迈过千级石阶，才能最终体会"会当凌绝顶"的幸福，享受"一览众山小"的豪情！苍茫齐鲁，巍巍泰山，多少华夏儿女在这撒下汗水与泪水；云海南天，玉皇穹顶，多少附中学子在此收获幸福与成长！（I学生）

孔林的石碑是历史的见证者，是智者、过客、旁观者。而泰山的石刻却让人更为动容，有的是传道者毕生的执念，有的是爱国者赤诚的丹心。泰山本是壮丽、雄伟、神圣不可侵犯的，正因如此，人们才把自己敬重的各路神明安置在其中。（J学生）

山顶高歌，赞美巍巍中华

在杏坛读《论语》是一种文化体验，那么大观峰的高歌是增强凝聚力的机会。出行前我们敲定了山顶合唱的环节，决定唱《我和我的祖国》。

当日，天街小雨，雾气蒙蒙，大观峰平台如同仙境，大家围成圈，没有伴奏的演唱，歌声嘹亮，游人驻足，听到的是少年由内而外的爱国情感。唱了好几遍，意犹未尽，学生们后来又演唱了《我爱你，中国》。在寒冷的山顶，我们感到了温暖与力量，在围观人群的喝彩声中，孩子们很自豪！

寻圣贤故里，沐恢宏儒风。在蓝天古树下诵读《论语》，访岱岳山登顶我为峰。我们在雾气弥漫的泰山之巅一起歌唱经典……（K学生）

最重要的，我记得大观峰上的歌声。那是我们共同的歌声，在山顶的大雾里，在高大的石碑前，在你们身边。（L学生）

挫而不折，悦纳每种境遇

因为各种因素，高一（9）班36人中有三人未登顶，有两人坐缆车下山，算是一点点遗憾。但事情总是有多个角度，总能找到收获。有两个孩子的体会，很是不同。

M学生（因腿抽筋多次，登顶困难，他怕连累同组学生而放弃坚持）给了坚持另一种理解：

老师说，爬山要有毅力，不能认输，可我现在却有了不一样的看法。如果一个人有恒心，那是再好不过，可如果只有恒心，那不过是一个逞强的愚者，最终只会伤到自己。毅力固然重要，确实想过一个人撑上去，可事实证明我错了。如果没有其他人的帮助，我根本没有办法上去。

而人真正的强大之处，是因为我们可以依靠别人，一个人的力量是有限的，总会有做不到的事，而若有万人相助，怎会有无法逾越的障碍！巍巍泰山，考验的不是一个人的意志，而是人们以心相连迸发出的力量！

N学生因腿伤旧疾复发，很难登顶，滞留在了中天门，但最后她的观点和心态调整让老师深感欣慰：

> 我的泰山之旅和别人大抵是不同的。登泰山而小天下？只爬到中天门的我似乎无法体会那站在泰山之巅的骄傲。于是，我想到了一个字——停，尽管这个字看起来似乎是那么的格格不入。我们一开始就落在了最后，慢慢行进，顺便收集研学资料。于是我们看到了泰山的风景秀丽，听到了布谷鸟的叫声。只是台阶旁的一个观景台，是它告诉我们，不要再走了，这里美极了。我想，我们应该懂得停一下。

是的，当我们无法去实现预期，可以选择"停"，享受另一种风景。

最后，我想以老师在家长群的总结作为"泰山行"的总结：

> 各位家长，首先祝贺我们山东研学活动平安结束。孩子们和我都已经很累了，但有一点儿总结和各位家长分享。第一，吃苦是成长的必修课，相信您和我一样，不希望培养的只是温室花朵，希望孩子未来能担起家庭乃至国家的重任。学生大部分能坚持挑战自我，因此，若孩子今晚叫苦叫累，希望家长给予正向引导和教育。第二，本次活动以小组为单位，倡导团结协作，互帮互助，六位小组长付出很多。真心希望我们九班孩子有正风，正气，满满正能量。第三，愿家校共同引领，让孩子们阳光、向上、积极、豁达地成长！希望九班成为真正优秀的九班！

一次活动的组织实施，对每个人都是一次历练，也是一次成长。通过远行，让孩子们感受大自然的美好，感受山河壮丽；同时，挑战自我，磨炼意志，熔铸团队；培养自强不息的精神，塑造顽强的意志品质，留下不泯的人生记忆。也许这就是孩子们集体远行的意义所在。让远行成为北京师大附中学子成长的催化剂！

文字的力量

王　彬

厚重的学校文化底蕴是班级文化建设最肥沃的土壤，形式多样的班级活动是班级文化建设的重要手段，它们可以让班级文化更好地植根在同学的心中，让育人理念潜移默化、润物无声。我以初三毕业班的德育工作为例，阐述"文字"在班级文化建设中发挥的巨大力量。

以古喻今

毕业班的紧张节奏和中考的压力让部分同学有了前所未有的危机感，特别是同学们通过第一次月考体会到了竞争的激烈和现实的残酷后，心中的斗志也被迅速点燃，但之前长时间的累积已经让自己与他人的差距不是一两天就能缩小的，感叹精力有限能力不足的同时，焦躁的情绪和急功近利的思想也逐渐开始滋生。在月考的总结班会上，在反复强调应该用"变化量"来正确客观地评价自己的努力后，我借用宜家商场地图中关于"捷径"的设置来说明"成功没有捷径"的道理，并引用《老子》中"大道甚夷，而人好径，终为所误"的名句，引导大家调适自己的心态，科学地突破现有的困境。而在上学期的期中考试后，通过与各任课教师的交流，我了解到被动的学习方式和懒惰的毛病让不少同学出现了"学"和"学会"的断层。那么我该如何让同学意识到手脑并用的练习对于掌握知识的重要意义呢？ 在期中总结会上，我引用了陆游的《冬夜读书示子聿》来说明"要躬行"的作用和意义："古人学问无遗力，少壮工夫老始成。 纸上得来终觉浅，绝知此事要躬行。"同时也附上了自己对于"练习"的理解和体会："只听、只看、不练，其义未必自现；百闻不如一练，量变才有质变；独立自主钻研，反思感悟实践；句句金玉良言，诸位同学共勉。"

以诗说理

为了努力发挥同学的主体作用，加强自主学习的意识，我在考前开展了备考交流等班级活动。 而在考试结束后的交流总结中，要求每个同学向他人提出至少三个明确而具体的学习问题，经过筛选和整理后，由被提问的同学分享自己的心得。 这样，不仅在学法上达到了互通有无的目的，也提升了同学们互相学习、勇于尝试的学习劲头。 在一模总结班会上，我首先展示了各科老师的分析与建议，将重复频率较高的关键词单独列出。 我发现虽然学科特点不同，但老师们指出的问题和建议却有着惊人的相似点，而这也正是同学们应当花大力气攻克的地方，即"重积累、基础稳、审题细、表达准、多反思、勤提问"。 接下来，针对部分同学出现的"高原期"表现，我建议大家"克服倦怠、自我鼓舞""细化目标、自我更新""按部就班、自我鞭策"，突出"自我"的作用，同时以"山外青山楼外楼，班外处处是高手""今朝有酒今朝醉，他日空悲知是谁"和"纵已登楼百千尺，履地方有万里天"这三句话，提醒每个同学都要有危机感，即便是已经成为"签约生"或"特长生"，也要以"重新归零"的心态，奋力拼搏，为高中的学习赢得一个高起点。

跨　界

作为物理老师，我常常会不自觉地将物理学科的用语融入班主任工作中。 在初三下学期的第一次班会上，我以一首《力的打油诗》作为开篇，以同学们的视角回顾寒假，展望未来："期末考完想努力，一放寒假没动力；作业补习有压力，还是红包最给力；懒惰消磨意志力，拼搏激发战斗力；坚持培养忍耐力，迎战中考尽全力!"颇有物理味儿的开场白让班会课和初三下学期都有了一个轻松的开始。 为了进一步调动大家的学习热情，树立信心，营造拼搏进取的班级氛围，我与班干部们一起讨论接下来的主题班会的整体设计。 也许是受到《力的打油诗》的启发，班干部们最后决定以"受力分析"的形式设计之后的主题班会，选择同学们生活中常常遇到的压力、支持力、意志力、潜力和竞争力，以问卷调查、心理测试、小游戏、榜样故事等不同的方式，分别进行剖析和解读，让同学们通过一个又一个的环节感受到，什么"力"让人向上奋进，而什么"力"会使人消沉下坠，在初中的最后一个学期，我们应当以怎样的实际行动去迎接中考。 班会结束后，班干部们利用这节班会课的素材，制作了物理味儿十足的《受力分析图》和《能量转化图》，并张贴在壁报上，这也成为班级里最特别的座右铭。

家　书

　　一模考试之后的体育中考是同学们迎来的第一个高强度、高压力的挑战。 在经历了长时间的拼搏后，大考之后的懈怠与迷茫感难免在心中滋生。 为了减轻同学们的焦虑，更有效地鼓舞大家，我在体育中考刚结束的周末，悄悄地给家长们布置了一个作业，请每位家长给自己的孩子和全班同学写一段寄语，并在不告知孩子的情况下将寄语的图片单独发给我。 在紧接下来的班会课上，我总结完一模考试的得与失之后，幻灯片上出现了每位家长亲手写下的寄语，我请每一个同学将自己家长写的寄语念给大家听。 同学们的脸上满是惊喜，也掺杂着一些不好意思，有同学在念完第一句时，就已经哽咽，相信是长期积攒的压力得到了一定的释放，相信是从家长的鼓励和包容中得到了一份平静和坚定。从家长们的文字里，我能强烈感受到家长们对班集体的认可和对孩子们的关爱与期待。毕业典礼上，一位同学的妈妈作为家长代表发言，她在结束语中说道："雄鹰羽丰初翱翔，念师恩，情难忘，七月当歌，附中好学堂；少年自有少年狂，遵师嘱，再启航，乘风破浪，他日更辉煌。"

凭诗寄意

在紧张的备考冲刺阶段，我们年级组织了社会实践活动，于是我以此为契机开展了班级诗词比赛，我要求同学们用"一图一文"的形式记录此次活动，而且文字部分必须以古诗词的形式呈现。同学们用镜头记录下了最后一次春游的珍贵画面，用文字表达了对毕业在即的不舍和留恋，一位同学写道："汩汩碧水绕堤岸，青山伫立水畔。得失悲欢有何干，相聚此时缘，行尽又分散。昔日雄浑万里关，空余断壁残垣。往日威仪应复还，腾渊凝锐气，昂首赴云端。"而在中考前的最后一节班会课上，我再次给全班同学布置了一项当堂作业：以"致中考、致钱班"为主题，每人写一首诗。在之后的交流环节中，大家看到了许多才华横溢的作品，文字中涌动的是迎接中考的自信与气魄，还有对班集体的拳拳深情。例如："莘莘学子聚钱班，人人尽将才华展。期年已过学识长，中考扬名万古传。"再比如："皆知鲲鹏击万里，都可御风破波澜。焉焉中考何足道，直上金榜夺状元。"一首首斗志昂扬、饱含深情的诗篇，也汇聚成了最后一期板报——我的钱班，我的诗。

生活不止眼前的苟且，还有诗和远方。德育工作也不全是细碎的日常，一个个文字总有无穷的力量。只要以心为笔，以爱为墨，定能书写最动人的诗篇。

让"小九"为我们代言

李 凤

高一伊始，做好班级建设是重中之重，为了解学生情况，我与学生进行了广泛的谈话。了解学生的问题或者困惑时，学生经常以这样的句式开头或者结尾：

"老师，我最近很困惑……您可不要把这些告诉我的父母和同学们。"

"老师，我今天跟您掏心窝了，您可要替我保密呀！"

保护学生的自尊心是做好学生工作的前提，我自然是尊重学生的意愿，替他们保守秘密。因为很多学生的问题是个例，需要重点做个性化帮扶，于是这种"沟通—发现问题—个性化帮扶"的模式进行了一段时间，效果还不错。直到有一天数学课后，王同学跟随我回到办公室。

"老师，我想找您聊聊。"

"好啊，现在吗？"

"啊，不不不，嗯……我是说……晚上八点您有时间吗？"

"晚上八点，在办公室？好的！"

我很痛快地答应了，可是心里还在嘀咕：他能有什么问题呢？他成绩不错，在班里中等偏上，在年级也位居前列；作为班级球队的主力，他表现出极强的组织能力，作为体育委员，他的工作能力也得到了大家的一致认可；他性格开朗幽默，经常幽默地自嘲，是班里的开心果，与同学们的关系一向融洽；我最近也没发现他有感情问题。这样的他会跟我谈些什么呢？想到他犹犹豫豫的表情和约谈的这个时间，我预感到他的问题很严重。

晚上八点，王同学准时出现在我的办公室门口，他先警惕地环顾了一下办公室。"没其他人，就我一个，进来吧。"我示意他在我身旁的椅子上坐下来，我注视着他，等他开口。他先是低头沉默了一会儿，然后像下定了什么决心似的抬头看着我。

"老师，我先声明一下，这是我第一次主动找老师谈话，您能答应我几个条件吗？您不要笑话我，要替我保守秘密，还有您能帮帮我吗？我实在是太累了，我快支撑不下去了。"

他说他来自普通初中，学习习惯和学习能力的不足让他在这个学霸林立的实验班倍感压力，为了努力不掉队，他课后花了大量时间来学习，经常熬夜，这很多时候影响了他第二天的学习；在他看来，自己玩得来的几个好朋友都是学习轻松、成绩优异的"学神"，自己相形见绌，也不好意思求助好朋友；同学约着一起踢球时，他虽然很心疼那些时间，但是又磨不开面子，只好强撑着参加，回到家继续熬更久的夜学习，把时间补回来。

这个一米八多的大男孩极力控制着自己的情绪，可是哭腔还是逐渐浓重起来，他的声音颤抖着。我知道他是鼓起了很大的勇气才来找我诉说的，我当前的任务是安抚他的情绪。我首先肯定了他积极向上的学习态度，肯定他的组织能力和工作能力，也鼓励他多与任课教师沟通，任课教师一定会给他很大的帮助。我也以数学为例对他进行了学习上的指导，给出了一些预习、听讲、复习的建议，告诉他我会一直默默地关注他，支持他，帮助他，无论遇到什么问题都可以来求助我。王同学在跟我诉说的过程中也发现了自己的一些问题，他听了我的肯定和鼓励，又得到了一些指导，情绪逐渐平稳下来，表情逐渐明朗起来，目光中透露出坚定，他向我道谢后郑重地跟我道别了。

谈话结束了，但是我却陷入了沉思。王同学的情况很可能不是个例，班级 38 位同学中有 16 位来自普通初中，他们是不是也面临着类似的问题？其他同学中又会有多少正在被新环境、新压力所困扰？他们面临的困难有没有相似之处？问题出现时就是教育契机产生时，这些疑问让我意识到我必须好好谋划，寻找最佳解决方案。

让小九吐露心声

我先设计了一份调查问卷请同学们填写，结果显示同学们的压力 47% 来自学习，涉及学习习惯、学习能力、同伴压力等多个方面，看来王同学的问题具有很强的代表性，这让我意识到需要做一次班级活动来直面学习压力这个问题了。

首先要解决的问题是：如何充分暴露问题。我通过谈话、调查问卷了解到学生的问题不尽相同，各色各样，但是有一个共同点是他们都不想让大家知道这是自己的问题。学生刚到新环境，想给大家留下好印象，这我能理解，也愿意去保护他们的自尊心。但是问题必须暴露出来才能更好地解决。我认为暴露问题要做到三点：一是尽可能展示大家共性的问题；二是不带有明显的个人特点；三是让同学意识到这些问题就在自己身边，必须要群策群力去解决。要做到以上三点，需要找一位同学作为典型案例，可是谁能代表班里所有同学呢？

于是我想到了曦同学，她是一位漫画高手，我请她设计了一个卡通人物，他具有班里每一位同学的性格特点，也有每一位同学的问题，此时，班里最典型的成员诞生了，同学们称他为我们九班的 39 号，昵称为小九。

班长在一次班会上隆重介绍了小九，他可爱酷萌的外形受到同学们的喜爱，他还以主人公的身份出现在了板报中，曦同学每天都会在黑板的角

图 2-1 小九

落里画不同形态的小九，他参与着我们的日常生活和学习，成了我们班的正式一员。我终于做好了一切铺垫，就等着让他替大家吐露心声了。

为小九出谋划策

经过周密安排，"小九的烦恼"主题班会召开了，班会以小九为主人公，以小组讨论、发言的形式开展。

我首先抛出问题：小九最近非常烦恼，他非常努力地对待学习，课后花很多时间复习，有时熬夜到很晚，所以第二天上学时有些疲惫，精神不好。他的复习也是"眉毛、胡子一把抓"，不得章法。大家对小九的问题有什么看法吗？

对小九的问题，同学们都非常热心，分析得很透彻。他们首先肯定小九的积极向上，对自己有更高的要求，然后纷纷指出小九的问题所在：熬夜导致第二天的课堂听课效果不好，这是得不偿失的；不会进行时间管理；复习方法不当等。

然后，我让同学们反思自己有没有类似的问题，按照问题的严重程度，按学科进行分组，并进行组内交流。同组的"难兄难弟"们吐起苦水来毫不含糊，有的说数学审题、理解题意老出偏差，有的说英语阅读做得不得章法，有的理科学霸说自己的历史、地理、政治学习一塌糊涂，自己记住了也还会忘，不像理科知识理解后就不容易遗忘。我注意到王同学进入了英语组，他讲了自己上课听不懂老师的英英互译，不会利用碎片时间记单词等问题，组内同学纷纷点头表示同感，"患难与共"让他们打开了心扉。

最后是出谋划策阶段，不同组的同学纷纷互相支着儿，彼此取长补短，他们经过讨论得出几点答案：一是最需要确保课堂听课高效，必须做到手、眼、脑并用学习，课堂内容尽量当堂消化吸收，如此才能让学习高效；二是要会复习，必须每天晚上梳理当天的学习内容，每周末把本周的各科错题梳理一遍；三是要做好时间管理，必须整段的时间和零散的时间用来安排不同的学习内容；四是要学会做学习计划，必须根据自己的优势、劣势科目来安排学习，注意劳逸结合，不能任务安排得太满，导致计划坚持不下去。几位"学神"同学自告奋勇承担了分学科给同学们答疑的任务，并提出了"中午十分钟，解决一道题"计划，每天中午由一位同学给大家讲解自己总结的一道好题。

同学们各抒己见，建言献策，黑板上记下来的给小九的建议越来越多。我注意到王同学和几位学习压力大的同学眼中的迷茫、困惑逐渐被坚定所代替，笑容回到了他们的脸上，他们握紧的拳头代表了暗暗下定的

图 2-2　小九在思考

决心。

班会后，我又与各任课老师沟通，筛选出各科学习有困难的同学，分析他们学习困难的原因，一起制定了帮扶策略，任课老师们表示会在课堂提问和增加作业批语等方式上下功夫，激励学习压力大的同学。同时，我鼓励他们与老师多沟通，希望在增进感情的同时，也能切实提高他们学习的效率。

经过一段时间的观察，我发现王同学等几位同学课上发言更积极了，他们经常参与同学间的学习讨论，更主动地寻求老师和同学们的帮助。虽然他们成绩的提升是缓慢的，但是他们学会了勇敢地面对自己的困难和问题，积极寻求解决方法，这不正是我希望带给学生的制胜法宝嘛。

与小九共成长

"在影响学生的内心世界时，不应挫伤他们心灵中最敏感的一个角落——人的自尊心。"著名教育家苏霍姆林斯基的这句话一直是我的班主任工作座右铭。我认为它是教育好学生的前提。我与学生一起创造出卡通形象小九，替心思敏感的同学们反映问题，保护了他们的自尊心。在处理问题的过程中，同学们把小九作为帮助对象出谋划策，没有多余的顾虑，让好建议更多了。这件事后，同学们更愿意跟我真诚地沟通自己和班级的问题了，他们的个人问题得到了解决，我的班级管理工作越来越顺利。同学们还以小九的视角撰写班级日志，记录或是开心或是感动的学习生活的点滴。这样的班级更像一个大家庭，班级凝聚力逐渐增强。我们班还开展了寻找"中国传统文化中的'九'"的活动，大家分组调查、汇报、交流，制作以"九"为主题的板报，形成了我们九班特有的班级文化。这个可爱的卡通同学小九成为我们的最佳代言人，伴随着同学们共同成长。

老子"善"思想对班级工作的启示

潘星樾

困　惑

完整的班主任工作，我已经做了两轮，但我在面对学生们日常掀起的小波澜时，总有一种"兵来将挡，水来土掩"的被动应对之感，我管理班级的方式似乎也是从各位资深班主任处学艺得来，像个五彩缤纷的大拼盘，缺少主动建设班级的理念，我只是日复一日地等待问题，解决问题。

冲　突

促使我深入思考如何建设班级，形成自己班主任工作特色的，是一次对学生间冲突的处理。

班里有一位肯同学，他在入校后不断与同学产生语言上的摩擦，常常出现全班围着劝架的情形。经过了解情况，我发现几乎都是他先挑起争端，他的情绪非常敏感、易怒。一开始，我每次找他谈话后，基本都化解了他的情绪，我想等他慢慢地与大家熟悉起来后，情况一定会有所好转。

但开学一个月后，这座"小火山"终于又喷发了。

一天放学后不久，班长跑来办公室找我："肯追着同学从操场打到教室了！"我赶紧跑进教室，只见他正骑在同学身上，不顾旁边同学劝阻，挥动拳头叫嚣着要"揍扁"对方。我火气上涌，立即暴喝一嗓子："你给我起来！一天不折腾就难受吗！这些天我白跟你说那么多了？"话一出口，我就后悔了。但为时已晚。我发现他昂着头，微斜着眼睛，呼哧呼哧吸着气，瞪我——他的防御系统已全开。

思考与摸索

勉强解决完纠纷后，我一直有些沮丧。偶然在备课时看到老子讲的"居善地，心善渊"，再联想到"言善信……事善能，动善时"，我顿时有豁然开朗之感：何不以"善"治班！

其一，居善地——把自己放到与学生平等的心灵地位。

学生对老师的尊敬不应该是畏惧，教育的感化力量也不来自威压，老师应该把自己放在与学生平等的位置，尤其是心灵的平等：对等的话语权，充分的尊重，关注精神需求。

在处理这次冲突时，我没有给打架双方解释缘由的机会，因为肯同学的"前科"，便给他贴了"惯犯"的标签。后来谈完话我才知道，被打的轩在操场上拿着杨树花跟别人扔着玩儿，肯觉得这样做很不好，就过去试图阻止，结果杨树花不小心扬到肯头上了。肯很生气，就从地上抄了一大把杨树花要塞进轩的衣领里，进而发生肢体冲突。肯的初衷是善意的。引发肯同学与我情绪对立的，大约就是那句"一天不折腾就难受吗"所流露出来的成见。

同时，我把自己放在一个管理者的位置要肯服从我的要求，而不是反省我自己前期对他的教育是否有效，是否解决了他的精神困境。教育者对学生的强制要求和高压管理，纵然短时间内有效，但效果并不长久，教育者还需真正给予学生精神成长的养料。鉴于肯容易被激怒，我推荐给他《如何控制自己的情绪》这本书，同时联系学校的心理老师帮助他一周做一次疏导。他腼腆地接受了我的道歉，从此没有再出现打架事件，与同学起争执的频率也低了很多。

老子《道德经》中言："不自见，故明；不自是，故彰；不自伐，故有功；不自矜，故长。"我时刻提醒自己不自见，不自是，不自伐，不自矜。只有把自己放到与学生心灵平等的位置，才能走进他们的内心。

其二，心善渊——管理好自身情绪，以身作则，感染学生。

"心善渊"是提醒教师注意自我情绪的管理。班主任自身要思虑深邃宁静、心态深沉大度，才能行为世范。这次学生因情绪失控而发生冲突时，我也没控制好自己的情绪，因为失望和怒火"以暴制暴"，结果把"这头愤怒的小狮子"迅速推到了我的对立面，激化了师生矛盾，造成情绪对立。

老师的怒火似乎是快速"镇压动乱"的一把利刃，但久之便显出山穷水尽来。老师的威压、宣泄就像狂风暴雨，在强力约束学生的同时，也带给学生心灵伤害。因此，教育工作者当尽量涵养自己的性情：恬淡豁达、敦厚自持。

同时，我也告诉肯，发泄怒火不能让自己内心变得平静，反而会因为人际关系的紧张给自己带来新的压力；暴力解决问题也不是维护尊严的好办法，不会给自己带来自信和满足。我跟他约定，21 天不发火的人可以得到一个实现愿望的机会，虽然他没有坚持下来，但是在克制情绪上明显有了一定的进步。

其三，言善信——遵守信用，言出必行。

若要学生遵守校纪班规、诚实守信，教师当首先做到"信"。

2017 年 9 月，我开始担任初一（15）班的班主任，没想到在入校 20 天后，我班便因水痘被单独隔离在空荡荡的实验楼里。面对不断有学生被感染后回家的情况，学生们稚嫩的面庞上透露出不安，我安抚他们说："我会时刻和你们在一起，我向你们保证，你们的期中考试一定不会落后于别的班级。"于是，我把办公用品搬到了教室的最后一排，从早到晚都和他们一起度过。 我带着他们跑步、打球，每天都买一些水果或维生素泡腾片放在教室的"公共餐盒"里，学生们根据需要自取。 同时，我把在家隔离的学生和家长组成一个"休养小分队"，我在线授课，批改作业。 同时，我抚慰家长的焦虑情绪，随时解答疑虑，每周给全体家长写一封信。 两个半月后，隔离结束，班级期中成绩名列前茅，学生、家长和老师们一阵欢呼。

由于我兑现了"时刻和你们在一起"的承诺，陪伴学生们度过了一次空前的身心考验，我获得了他们对我极大的信任，我们班风友善乐观、冷静坚毅，班级成绩优异。

其四，事善能——培养干部，倡导人人自主管理，发掘每个学生的长处，使其各得其所。

一个事必躬亲的班主任是勤勉的，而能把舞台交给学生，自己在台下指导协助却是更有利于培养他们的能力和担当的。 老师把自己"架空"，才能做到无之以为用。

从学生入校初始，我就为他们分别建立小档案，力图发掘他们的长处，并因势利导，为他们创造适宜的舞台。 很多老师会想，那些入学时就已经很优秀的学生顺理成章地成为重要的班干部，但总有行为习惯很不好的同学，他不给大家惹麻烦就不错了，怎么还能指望他参与到班级管理和服务中？ 我们班的宝同学就是这样的代表，他每天真是小麻烦不断！提起他来，老师和同学都感到头疼。

偶然的一次，我发现他竟然在放学后留在教室里帮画板报的同学出谋划策，听起来还有几分道理，负责人也认可他的想法，我赶紧问他愿不愿意成为宣传部的一员，他受宠若惊地问我："您不怕我捣乱吗？"我哭笑不得，赶紧鼓励他："我感觉你有这方面的潜质！"尽管他初二后出国了，但同学们做板报时仍会感慨："宝要是在或许就有新鲜的点子了……"

我尽量让全体同学都参与到班级工作、服务中，这能更好地增强个体归属感、责任感和班级凝聚力，学生往往不是全无优点，需要我们善于发掘他们的闪光处，并给予信任和鼓励，让他们在集体中各得其所。

其五，动善时——把握教育的契机。

"动善时"提醒我们抓住教育契机则可以事半功倍。"把握教育的契机"即发现学生心理上的兴奋点，及时通过教育活动使师生双方达到心理相容，从而取得最佳教育实效。

森是一位非常勤奋的女生，很进取，自然也很要强，她和父母定下的初中学习目标是班级前三。期中考试后，她很沮丧，在我们这个几乎人人勤奋、强手如云的班级里，她勉强排到中游。我观察了她几天，试图告诉她要多跟老师和同学交流学习方法，但她和她的父母将这次"失利"归结为她每天课间和回家后"浪费"的时间太多，因此，他们计划之后的课间让森全用来写作业，并不让森回家后看电视。

我意识到森和她的父母此时很难听进去建议，干脆放弃劝说叮嘱她劳逸结合的计划。一些在小学时勤奋认真且成绩优秀的孩子，如果在中学遇挫，很容易归因为自己不如别人用功，小学阶段越是有成功体验的学生，越容易执着于自己的学习方法，较难转变思路，渐渐地越受挫，越自责，越困顿。

期末成绩出来了，森在座位上泫然欲泣。我赶紧找了一位综合成绩很突出，与她私交不错的女生，嘱托她就如何调整学习方法，适应初中多学科、大容量、较高难度的学习，跟森聊聊。随即，又拜托两位科任老师旁敲侧击地提点她盲目刷题不利于提升学习成效。一周后，森写了一份非常详细的学科学习反思和改进计划，虽然略显急躁，但已经有了明显的观念转变。

老子提出的七善是我建立和谐关系的至理，其中的"居善地、心善渊、言善信、事善能、动善时"，对建设良好的班风与生机蓬勃的师生关系有重要启示。 我们与学生在心灵上应是平等的，我们涵养性情、敦厚自持的同时，要以身作则、言出必行，才可赢得学生们的信任。 同时，我们也要尽量发掘每个学生的长处，放权给学生们，使其各得其所。 最后，善于把握教育的契机，从而减少无用之功。

用《论语》点亮学生的成长之路

刘 霄

我校的育人目标是"全人格、高素质"。按照教育部发布的《中国学生发展核心素养》，一个"全面发展的人"，不仅应具备"文化基础"，还应具备"自主发展"和"社会参与"素养。其中"国家认同"正是"社会参与"素养的要点之一。它强调中国学生应具有文化自信，尊重中华民族的优秀文明成果，能传播弘扬中华优秀传统文化，在处理与社会、国家、国际等关系方面能够具有正确的情感态度、价值取向和行为方式。

初中阶段是一个人世界观、人生观、价值观形成的重要时期。我在德育工作中，有意识地传承和发扬传统文化内容。《论语》作为儒家经典，在中国传统文化中占有举足轻重的地位，也为德育工作提供了丰富的素材。

君子怀刑

第一次注意到 L 同学，是在初一某班安静的课堂上，突然出现明显的异响。我和同学们一起循声望去，发现 L 同学正在用小钢锯锯一支铅笔。我简单提醒两句，让他收起来，他点头应承了。可是，两分钟后，同样的声音再次响起……

此后，L 同学吸引了我的注意。他的座位附近常堆着"手工制作"后产生的垃圾，课桌居然被他不知不觉间挖出了洞。 午休时他和另外几个同学在黑板上乱涂乱画。 其他同学被批评教育后会认真检讨，他却撕了月牙形半张纸，敷衍几句后就强调他在黑板上写的内容"正确"又"重要"。我请他的母亲来学校配合教育时，惊讶地发现，教育已经是初中生的儿子时，母亲只是无限温柔地讲感情，如："你这样做，妈妈不高兴""你这样做会让老师生气"。 L 同学的检查，是在妈妈说一句、他写一句的情形下完成的，其间他脸上写满不耐烦。 此后和两位家长几次交流后，我了解到父母教育观念冲突——严父刚要出手立规矩，慈母就横加阻拦。 我意识到对 L 同学的教育须从家庭开始。

L 对规则的置若罔闻，使他经常性破坏课堂秩序，被无奈的老师一次次请到学生处。 由此，L 同学对学校老师渐生敌意。 几位批评教育过他的老师都在他的"黑名单"上，我位列第一。 他还在微信朋友圈发文，把老师的名字都编入儿歌中，比喻成妖魔鬼怪，当然我亦列其中。 他的行为在同学中造成了恶劣影响，有个别不明是非、一心逆反的学生几乎成为他的拥趸。 而 L 同学对这一系列事情的解释是："我只是觉得好玩儿。"可以看出他只从自己的感受出发，却不见自己与社会的联系，也就不能理解自己行为的后果。 经多次批评教育后，仍收效甚微。 因严重违反校规，学校对 L 同学做出了处分决定。

"《论语》里有一句话——君子怀刑，指君子心中始终有一份规矩、法度，不得逾越。 为什么君子这么重视规矩呢，因为只有遵规守矩，人才能正常地融入社会。"我从孩子成长的角度，对 L 同学的母亲的教育提出意见，并建议两位家长在温暖有爱的家庭气氛中，增进沟通，确保给孩子一种温暖的声音。 家校合作，帮助孩子建立规则意识，理解行为后果，形成稳定清晰的是非观念。

在这种形势下，家长不得不加速改进家庭教育，父母双方配合，对孩子的违规事件统一了口径。 当我再见 L 同学时，发现他已经没有了往日

"浑不吝"的样貌。学生处老师到班级内宣布了处分规定，L 同学认真读了家长签过字的检查，对错误进行了深刻的反思。

君子之过

"论语里说：'君子之过也，如日月之食焉：过也，人皆见之；更也，人皆仰之。'就是说，君子的过错就像天上的日食和月食一样，他犯了错误，人们都看得见。他改正了错误，人们也照样会景仰他。君子都会犯错，只要能主动及时地纠正错误，就如同太阳和月亮恢复了光明一样，照样被人尊重。让我们一起见证 L 同学更正错误，如君子一样，如日月恢复光明。"听完我的话，同学们给予 L 同学热烈的掌声，L 同学神情一动。

一段时间以来，L 同学因其违纪，特别是与老师"作对"的行为，被频繁批评，已经在同学心目中成了"问题学生"。学校处分已充分说明了其错误的严重性。此时，我却以"君子对待错误的态度"来做类比，传达出我对他的友好、信任和期待，无形中消解了他与老师的对立。

此后，L 同学有了大变化，做到了遵守课堂纪律，虽然还时不时有些卫生方面的问题，但对老师的提醒都能虚心接受，立即改进。见到我的时候还会主动礼貌问好，眉宇间透着清朗的敬意。我会有意识地在公开场合请 L 同学帮些小忙，他也会认真对待。看到曾经"不驯"的他，如今与老师相处融洽，班里其他的几个小捣蛋鬼也不自觉地乖了很多。

不迁怒，不贰过

年级男子篮球赛如火如荼进行中，我班和隔壁班级的男生却在赛前起了争端，起因是隔壁班的一位男生故意在我班女生面前诋毁我班男生的实力。在我们两位班主任的配合下，当事人到我班勉强道了歉。事情似乎已初步解决。但明日两班开赛在即,我班篮球队里还有几位脾气暴且颇有影响力的男生。如何劝说他们尽释前嫌,不带余怒到球场呢?赛前一个简短的班会上,我从论语中的一个故事讲起:

"哀公问:'弟子孰为好学?'孔子对曰:'有颜回者好学,不迁怒,不贰过。不幸短命死矣,今也则亡,未闻好学者也。'孔子认为颜回是唯一的好学者。'学者',可以解释为'真正内心有觉察,觉醒的人'(此解引自辛意云《儒家思想与为师之道》)。也就是说真正有觉悟的人是不迁怒,不贰过的。

'不迁怒,不贰过'是什么意思?上次卫生评比,我们班没有得到流动红旗,有位同学很失望,这本是因为他有很强的集体荣誉感,可是接下来,这位同学不是分析失分的原因,以便下次改正,而是大谈评分标准不公,把错误归到别人头上,这就是'迁怒'。我们也会在体育新闻中看到,球赛里,某些运动员赛场失利,就说裁判不公。可见'迁怒'是很容易发生的,要做到不'迁怒'并不容易。"此时我的目光寻找到班里几位篮球运动员,他们正若有所思。

"'不贰过'可以解释为:知错就改,不重复自己犯过的错误"篮球队长情不自禁地感叹:"太难了!""的确很难做到啊。所以能做到的人是真正的'好学者',令孔子赞赏。"

全班同学都听得很认真。第二天,篮球赛场上,队员们遵守赛场规则,尊重裁判,努力拼搏,与隔壁班级打到加时赛,惜败一分,虽败犹荣。

《论语》作为中国识字人一部必读书,在中华民族性格塑造过程中起着不可替代的作用。作为儒家经典,《论语》强调自强不息、韧性奋斗,关注人际和谐,寻求人性完满。"君子"是孔夫子心目中理想的人格标准,在学生心目中自带"光环"。以"君子""好学者"作为德育叙事的前提,学生会更容易感受到教师的肯定、信任和期待,也就更乐于接受建议，主动拥抱成长。

中华优秀传统文化是我们先辈传承下来的丰厚遗产，而同时它所蕴含的思维方式、价值观念、行为准则，无时无刻不在影响着今天的中国人。在班级德育工作中重视渗入中华优秀传统文化，有助于引导学生更加准确而深刻地认识自身，认识国情，以及处理好自己与社会之间的关系。

抓住运动会契机培养班级精神

张彦金

运动会是学生在校生活中一项较大的集体活动，是进行班级精神文化建设的良好契机。 其原因有三：第一，运动会从着手准备到完成总结反思，时间约月余，是所有校园活动中时间跨度最长的一项；第二，运动会规模大，事情多，班级所有成员都能充分参与其中；第三，运动会在班级之间形成短时的、激烈的角逐，容易激发班级荣誉感和凝聚力。 尤其对起始年级来说，校运会召开时间在开学后一个月，准备运动会的一个月正是新的集体形成、定位的阶段，如果抓住运动会契机，确立起本班学生普遍认可的班级精神，将为班级发展创造一个良好的开端。

共拟主题，初设愿景

筹备运动会的第一部重头戏是确定入场式主题。 在开学第一周，我引导并布置给同学们一个"思考"任务：你希望咱们成为什么样的班集体，你希望向全校师生展示我们一班人什么样的精神特质，这将作为我们运动会入场式的主题。

班会上，我请一位同学把大家的意见都写在黑板上。 学生们各抒己见，有的说"团结友爱"，有的说"敢做敢当"，有的说"理想远大"……经讨论和投票，"龙马精神"获得了同学们普遍认同。 提出这一想法的同学说："龙马是古代神话传说中的神兽，龙马精神是奋发向上、力争上游的精神。"同学们纷纷赞成，大家都表示，因为我们的班号是一，应该在全年级 16 个班里勇争第一，"龙马精神"正是我们一班同学应该追求的境界。

我总结说："今天，我们一起将入场式的精神内涵定义为'龙马精神'，这是我们一班人共同认可的精神追求，让我们从今天开始，在学习上，在活动中，在生活里，奋发向上，力争上游！"至此，我们初步确定了班级精神的愿景。

小组合作，攻坚克难

有了主题，孩子们就按照各自小组热火朝天行动起来，但遭遇困难是一定的。

在画坏了两面旗子后，急性子的班旗组组长摊开墨迹斑斑的旗子向我抱怨："老师，这布料上作画太难了！墨汁总是洇！"其他同学说："老师，咱出去打印吧！"我看着垂头丧气的几个人，提醒说："打印固然简便，亲手画才更有意义和价值呀。你们不是要画一面'龙马旗'来象征咱们的龙马精神吗？那啥是'龙马精神'呢，你们这就要放弃啦？"几位同学你看看我，我看看你，组长终于说："那，我们再试试！"过了几天，他们交给我一面画好的班旗：红色底布，墨色线条，虽然有些地方的墨有点儿洇，但依旧光彩照人。几个孩子快乐地说："我们能在布料上掌握用笔的轻重和用墨的浓淡了！"我竖起大拇指为他们点了个大大的赞。

班牌组的同学准备制作"一马当先"班牌：一匹奔腾的黄骠骏马，蹄下生风，扬起微尘，奔向远方。这组同学绘画水平很高，他们在一块大纸上勾勒、上色、涂抹、书写，一切顺利，成功在望。可一天中午，他们吵嚷起来，原来是一位同学不小心掉落了一大滴墨在画上，墨色很深，难以覆盖，组长和组员都气急败坏。 我安慰他们说："功败垂成确实让人难受，但伤心和埋怨于事无补，咱们一起想想办法补救吧。"我把其他组的一些同学也召集过来，大家一起出主意想办法。 一位同学的叔叔是画家，他请他叔叔参谋。 隔了一天，那位同学就兴高采烈地带回了修改过的画作，他的画家叔叔改变了一点马蹄奔腾的样子，巧妙地利用了墨迹。 我把画交给班牌组继续完成，也告诉同学们："看，办法总比困难多。"

"黑马"风波，乐观积极

入场式表演设计更是让同学们大费周折，他们推翻了好几个方案。 最后的定稿有点儿戏剧性：体委担心比赛拿不到名次，因为其他班有好几个运动健将，而我们班几乎没有。 有同学就给他打气：也许我们就是一匹黑马呢！于是他们便决定要在主席台前展示一匹黑马。

他们先把 9 块纸板合在一起勾勒形状，再分开填色。 当十几位同学各自完工，兴高采烈地把纸板拼在一起的时候，他们却没有迎来全班同学的欢呼和掌声：

"这画的是什么呀？ 这是驴！"

"马蹄子不像！"

"是马头没画好才影响整体了！"

…………

平心而论，画艺参差不齐，真有点儿如驴似马的尴尬。 但我必须扭转同学们的负面情绪。 利用午休时间，我召开了一个短会。 先请一位同学翻了词典：黑马，比喻实力难测的竞争者或出人意料的优胜者。 又请表演组组长为同学们讲述了他们设计"黑马"的原因。 我随后引导："'黑马'是一种比喻，大家都希望一班能年级夺冠，但我们目前好像信心不足，所以，这个组的同学用'黑马'来给大家加油鼓劲。 咱们一班同学不要妄自菲薄，要发扬'龙马精神'，成为赛场黑马！"

"对，'黑马'本来就应该是外表不怎么样的马，这样才能出人意料啊！"

"是的，我们班这匹其貌不扬的'黑马'才能一鸣惊人。"

…………

入场式那天，他们在主席台前骄傲地拼出了自己心目中的"黑马"，奔驰在辽阔无垠的原野上。

赛场角逐，"黑马"奔驰

运动会上，有25名同学参加了个人项目的比拼，20名同学参加了集体接力项目，几乎所有同学都找到了自己的位置。

最终，我们班斩获了5枚铜牌、2枚银牌和1枚金牌，在16个班级的比拼中获得了团体第七名的成绩，这给了我们莫大的欣喜和鼓舞。尤其是集体接力项目，我们班斩获了金牌，这一努力奋进的过程深深触动了我们的心灵。很多同学在赛后怀着激动的心情记录下了这难忘的经历，仅摘录两篇总结。

> 本来接力比赛我们根本没抱任何希望，大家想着："只要不是最后一名就可以。"从未想到，只要全身心投入，我们这个刚组成一个月的集体居然有这么大的凝聚力。是的，我本以为"第三、第二、第一"都是遥不可及的梦想。从比赛开始到小胜交棒的一瞬间，我们每个参赛队员都在拼搏，从未放弃。虽然目标并非冠军，而是做最好的自己，但是我们不知道，那个最好的自己就是冠军。（萧涵）
>
> 这次运动会我最难忘的一件事，是我们夺得的接力冠军。现在再回想一下，仍充满汗水与笑容。一个个运动员，弓着身子，目不转睛地盯着前方接力的人，全神贯注地融入比赛……有一匹"黑马"，是那

么拼命，那么奋苦。汗水一滴一滴落下去，落在早已浸湿的衣服上……你把那棒高举头顶，那是荣誉，那是胜利，也是成功。上天总会帮助努力的人。（奕兴）

这些文字让我深深感动。我们的"黑马"已经在孩子的笔下留下了英姿，已经悄悄奔驰进他们的心里。

总结反思，精神强化

运动会结束后，我分三阶段布置了总结反思任务。第一阶段是个人反思，用文字记录运动会的难忘点滴，并整理个人拍摄的照片、视频；第二阶段由班干部收集资料，整合成总结视频；第三阶段是完成班会和板报展示。

在"青春不言败，龙马精神闪光彩"主题班会上，班干部精心制作的视频《我的运动会，我的龙马精神》深深吸引了同学们，那些精彩镜头在欢声笑语中唤起了同学们的记忆。

我问大家："经过运动会，你对'龙马精神'有了哪些具体的理解和感悟呢？"

"'龙马精神'就是在赛场上奋勇拼搏，尽最大努力夺取最好成绩。"

"也体现在遇到困难和挫折时决不放弃，想办法解决。"

"'龙马精神'还应该包含自信，相信自己可以做好很难的事情。"

"也应该包含一种责任感，积极主动做事。就像有些同学主动帮大家收拾垃圾，给运动员发水。"

"'龙马精神'还应该包含团结的意思，否则就变成了'单枪匹马'。比如在接力比赛中团结一致，咱们才拿了金牌。"

…………

我知道，经过辛苦筹备阶段和赛场上的拼搏，孩子们都以个人的亲身经历体验到了什么是"龙马精神"，"龙马精神"不再是一个抽象的概念，而有了具体生动的内涵。

孩子们也精心设计了板报，还骄傲地把班旗挂在了板报正中。照片，心得，奖状，奖牌，旗帜，见证了拼搏向上、团结进取的"龙马精神"，见证了孩子们和班级共同的成长。

良好的开端，等于成功了一半。抓住运动会契机，经过赛前筹备、赛场拼搏和赛后总结三阶段，我们初步确立起了班级精神。运动会的过程，既是班级精神的外显过程，更是班级精神的内化过程。班级精神不是由班主任"灌输"给学生的，而是学生在具体实践中感受、领悟到的。

最后，有三点思路需特别提出。

第一，班级精神的最初设定最好由学生共同决定，或根据学生普遍特点确定，而不是由班主任主观自定，只有被学生普遍认可的班级精神才有发展的可能。

第二，在赛前筹备和比赛阶段，班主任不必求完美，而要给学生更多发挥空间，那些困难、挫折、失利，都是学生非常宝贵的成长机会，班主任要做好引导，潜移默化中把班级精神浸入学生的实践与体验。

第三，班级精神的成长不是一蹴而就的，需要在一次次集体活动和一天天平淡的学习生活中不断引导、践行、深化，才能最终沉淀在每一个成员的血脉之中。

打造班级公众"品牌"，
"营销"特色班级文化

——利用微信公众号建设班级文化

白丽娜

2019年7月25日，完成了两年公派教学任务的我，在伦敦至北京的飞机上思考着即将回归的班主任工作。十多个小时的行程，手上的书没有翻一页，眼睛没有合一下，我一直沉浸在思考之中。因为，这一次要带的班，让我喜忧参半。

喜在于，孩子们经过层层选拔，优中选优，是品学兼优、综合素质极高的群体，这样的班级自带优秀特质，或许不需要我过多地担心学习习惯、作业、值日、十项评比等日常琐碎的事务。忧在于，面对这样一群有理想、有目标、有想法的优秀学生，打造特色的班级文化，铸就班级的"魂"，显得尤其重要。因为，学生们想法多样，各有千秋，班级如果不能拧成一股绳，学生将很难有集体认同感和归属感，班级凝聚力就会缺乏。所以，如何打造出像"品牌"一样有特色的班级文化是摆在我面前的一道难题。

不走寻常路，我的班级我做主

班级文化建设是每个班主任工作的核心，通常是从设计班徽、班歌、班训、班旗等物质层面做起，然后，再通过各种系列活动逐渐创造精神层面的内容。除了这些"标配"，如何做得更有特色呢？我的脑海里顿时浮现出"微信公众号"。在英国工作的时候，我常常观察、学习和探讨他们的优秀教育理念，可惜的是，我从来没有做过系统的梳理或者落在笔头上。而一位同样是公派出国的 90 后年轻老师的做法给我留下了深刻的印象。她所在的学校教学任务相对轻松，所以，她利用自己的闲暇时间经营起了自己的微信公众号，记录下在英国工作的点点滴滴，在短时间内吸引了大量的粉丝，而我也成为其中之一。有文字，有照片，有感悟，有交流，在特定时间可以进行记录，可以时时查阅——这样的平台对于一个班集体来说，一定意义非凡。于是，我受到了启发，有了将班级微信公众号纳入班级文化建设的想法，并开始寻找契机。

开学后的第一次班会上，我宣布了班级组建的机制——打破传统的班委制度，改成了部门制和团队制，而负责微信公众号的新媒体部也应运而生。我告诉学生，这个部门的主要职责就是创立班级微信公众号，让它成为大家展现自己，相互交流，记录高中生活点滴的平台。且这个平台完全由学生自己做主，自己运营，用自己的双手打造班级的一个"品牌"。不出我所料，新媒体部果然成了最吸睛的部门，班会课后立刻就有好几位同学来报名，我的第一步总算迈出去了。

万事开头难，机遇更重要

我们的新媒体部成立了，但对于完全没有做过微信公众号推送的我和我的学生来说，一切毫无头绪，也充满了挑战。高一上学期，学生处于从初中到高中适应和过渡的重要阶段，他们各自忙碌着，无暇顾及我们的新媒体部。我也迫于班主任和教学工作，没有花时间研究我们的微信公众号。高中的第一个学期，我们的新媒体部有些形同虚设，直到疫情的出现。我观察到，我们班有两位同学向学生会微信公众号投出了稿件，表达自己的感悟，内容客观，有深度，蕴含真挚的情感。无巧不成书，这两位同学都是当初报名参加新媒体部的同学。

机会就这样到来，我顺水推舟，向两位同学表达了将微信公众号运营起来的想法。新媒体部的几个小姑娘非常高效，积极构思起来。她们提出，首先要创立温暖的班级氛围，做一个"生日特辑"，每到一位同学生日，便向全班收集祝福，为"小寿星"制作一期生日特辑，并在当日的零点发出去，作为第一份祝福。于是，我做好了班主任需要配合的所有工作，比如注册和申请账号等。与此同时，才华横溢、能力超强的小编们就开始积极学习起了如何编辑微信公众号文章，如何导入视频和图片，如何排版，可以说是"白手起家"。2020 年 3 月 4 日，在小编们的努力下，我们"十分洞见"微信公众号的处女作——小昊同学的生日特辑终于发布了。由于"小寿星"之前并不知情，他十分惊喜，表达了对同学们的感谢，而小编们也纷纷在自己的朋友圈发布自己创作的心路历程和内心的喜悦之情。随之而来的是更多同学和家长的关注及点赞。值得一提的是，我们的推送以其精美的设计，温暖而感人的内容，在一两日内便收获了三位数的阅读量，得到了非常多的好评。

看着想法一点一点实现的感觉太棒了！

从周日紧急开始筹备，找大家搜罗生贺视频。本来以为不会有太多人发的……最后整个视频的参与者和幕后剪辑者有 26 人，当我看到视频成果时真是太感动了。

良好的开端给我们带来了喜悦和信心。小编们的感悟让我更加确信了这个平台对班级氛围形成的重要作用和价值，也鼓舞着我继续挖掘利用微信公众号开展班级工作的更多潜在可能。

"品牌"就是忠于原创，精于创新

对于企业来说，品牌效应的作用不容忽视。虽然我的生活和所从事的工作与"品牌效应"看起来毫无关系，但其背后的机理是相通的。对班级文化来说，这个"品牌效应"其实不是让班级变得多么有名气，多么尽人皆知，而是要让班级文化植根于每一位同学的内心，帮助学生找到集体认同感、归属感和荣誉感。要想打造这样的"品牌"，就要确保我们的推送质量过硬，且要有推陈出新的创新精神。"生日特辑"板块能给大家带来温暖，而"学习生活"板块就要实现记录学生生活点滴的目的。

去年清明节，由于疫情，原本在学校进行的"清明节"祭奠活动不得不改到线上进行。学校安排我们班承担这一次任务，以一期推送的方式完成祭奠活动。我毫不犹豫地选择信任和放手，即全权交给编辑部的学生们完成这项艰巨而光荣的任务。受到肯定和鼓励的学生们，开始集思广益，积极设想和构思。几天的工夫，写了又写，改了又改，几篇以文言文的形式撰写出的原创悼词就呈现在了我眼前。还有一位小尹同学，手绘出了北京师大附中前辈钱学森的肖像。就这样，让班主任非常头疼且费力的艰巨任务，成为学生积极原创，精于创新，展现自我的机会，最终得到了学校官方微信公众号的转载，也受到了学校领导的肯定及鼓励，看到自己署名的学生更是乐在其中。更为重要的是，这次有意义的微信公众号推送活动，使班级文化"品牌"悄然在学生心中生根、发芽。

转眼来到了高二，我们迎来了运动会和表白墙涂鸦比赛。我们的运动会班牌由于配色和设计不符合规定，被学校要求及时纠正。此时，距离第二天运动会开幕只有不到 24 小时。我十分焦虑，也为了学生方便，建议几位设计部的同学从网上找一些图片，打印出来贴一贴，临时凑出一个班牌。我以为自己给出了一个非常"聪明"的应急方案，但听到了小冯同学的一席话后，觉得非常惭愧，她说："老师，我们还是自己画吧，我觉得网上找的太敷衍了。"我瞬间明白，同学们之前为了微信公众号推送，夜以继日，不厌其烦积极撰写的精神，感动了大家，并得到了延续，且这种忠于原创的精神已经无形中成为他们做事的标准。随后的涂鸦墙比赛，又一次印证了这个事实。负责的小王同学说："老师，这次涂鸦墙太过瘾了，我们的画都是原创、独一无二的，融入了我们的所有想法，而且我们是三维立体画，是一种创新……"这次，我听到了创新的精神。看着小王同学满脸笑容，讲得津津乐道，我想我们的"品牌"已经日渐成熟了，大大小小的活动，同学们践行着"忠于原创，精于创新"的班级精神。体育成绩一向不好的十班同学，在运动会中不断拼搏，挑战自我，创造出了一项又一项骄人的成绩。同学们在晒出闪亮的运动会奖牌照片时，都附上了同样的一句话表达对十班的爱。当我看到这一条条朋友圈时，不禁感慨，这个班集体所有优秀的品质——奋发向上，高标准、严要求，忠于原创，精于创新——都已经成为特别的"十班精神"。"品牌效应"已然成形，而微信公众号恰好地、精准地、一步步地记录了一切美好的瞬间。

"营销"是另一种循循善诱

"感恩教育"一直是我在班主任工作中特别看重的一方面，也是班级文化建设中最主要的组成部分。常怀一颗感恩之心行走于世间，心灵才不会孤单，世界才会色彩斑斓。2020年5月，我们迎来了高中以来的第一个母亲节。整日为孩子付出的妈妈们，并没有想到我们的微信公众号已经酝酿了一期"母亲节特辑"。这个想法是我发起的，或许是迫于班主任压力，这次全员参与，学生纷纷写出了对妈妈的"三行情书"，也有的学生为妈妈画了一幅画。

谢谢老师精心安排，让我们收到了母亲节最好的礼物。

谢谢老师让孩子们学会了如何让平凡的生活时时有惊喜，处处有感动。

感谢老师用心的安排，让我一大早就流下了幸福的眼泪。

…………

母亲节当天清晨，阳光明媚，我看到家长群里的这些话，喜不自胜，也印证了"营销"计划的第一次尝试获得了成功。不久后的父亲节，我们也制作了"父亲节特辑"，许多爸爸表示，几十年来从未收到过这样的祝福和爱的表达，硬汉们心中最柔软的一面再次打开了。当我主导了两次班级文化理念"营销"活动后，接下来的"营销"就逐渐发展成为自主推动的模式。编辑部的同学们自主策划了"教师节特辑""高考加油特辑""中考加油特辑"以及"119 周年校庆特辑"，他们将爱和感恩传递出去，感动他人，也更有担当了。

截至目前，我们的微信公众号已经发布了 39 篇原创内容。小平台，有大爱，我们在岁月里留下了深刻的印记，正如那位家长所说："让孩子们学会了如何让平凡的生活时时有惊喜，处处有感动。"

班级文化建设不是一蹴而就的，是潜移默化、循序渐进的。其实，我从没有接触过经济学，更没有学过做"品牌"和"营销"的方式。但我深知教育创新和以学生为本的重要性。身处科技飞速发展的时代，孩子们成长的环境越来越优越，他们从小接触和了解的事物都超乎我们的想象，寻常的事物已经很难激发起他们的兴趣。微信公众号这个小平台，记录生活的点滴，像一双隐形的手，推动着班级独特的精神植根于学生心中，为打造出属于我们独特的公众"品牌"提供了可能。同时，学生们利用活动契机，在微信公众号上"营销"特色班级文化，将爱和感动传递给了几十、几百个家庭，赋予了生命更多的意义。

用爱织网，联结家校

——线上班级建设有感

王文玲

突如其来的新冠疫情打乱了所有人的生活节奏。孩子们的寒假已经结束却不能回归校园。在特殊的情况下我们在"云上"开学了。

生活需要仪式感——互联网时代的心心相印

2020年2月16日，这一天本该是新学期开学前的返校日，在这一天，我们原本会见到分别了一个寒假的可爱面孔，原本会领到崭新的教材，原本会认真地聆听老师和同学的开学致辞……然而，为了控制来势凶猛的疫情，我们不得不留在家中。

不能见面的开学，仅有一纸通知的开学，会不会让初一的孩子们失掉好不容易建立起来的集体感？会不会因缺乏监管而自我放纵，失掉好不容易培养出来的学习习惯？

此时，我们更需要营造一种仪式感——让每一位同学都能感受到班级还在，同学还在，集体还在！于是我们在微信群中召开了开学典礼。每一位同学穿上校服，郑重地戴上红领巾，在班长的统一指令下高唱国歌，向着心中的国旗敬礼！

"筑成我们新的长城。"

"中华民族到了最危险的时候。"

"我们万众一心。"

坚定的国歌声中，大家的心有了着落。互联网把我们每一个人连接在一起，我们不再孤单，共同"冒着敌人的炮火，前进"！

你做"经"，我做"纬"，共织一张爱的"网"

在这突如其来的世界性疫情面前，许多成年人都难免心慌胆寒，还未成年的孩子们更需要调整心态，乐观面对灾难，所以，这个特殊学期的开端是以配合"抗疫"为主要任务，学习内容不多，学生们每天有很多的自由支配时间。对于适应中学生活刚刚一个学期的初一学生来说，如此多的自由支配时间令他们无所适从。一些自律性不强的孩子在缺乏监管的情况下或耽于好吃懒做，或溺于网络游戏；而班主任却孤掌难鸣、鞭长莫及——我们迫切需要织一张网，将每一个孩子笼到集体中来。于是由我和班长、中队委构成的"15班核心策划团队"应运而生了！

"核心策划团队"的第一项举措是组织线上班会，让每一位同学"回归集体"。

班会中，厨艺小能手曦曦用图片展示了自己的成功作品——可乐鸡翅、意式比萨、慕斯蛋糕，乔阳同学实时分享清理房间的全过程，钢琴小王子童童线上秀精湛琴技……在分享的过程中，孩子们体会了父母的辛苦，学习了生活的技能，懂得了每一分付出都会有回报。

学霸帆帆和彦宏现身说法，分享合理安排时间的经验：从整块时间运用，到零碎时间利用；从作业自习时间安排，到课外阅读文本选择；从个人爱好的练习，到居家运动的方式示范……同学们通过榜样的具体指引，学习合理而高效地安排每天的学习与生活。

一次次精心设计的班会中，同学们互相学习，共同体验；省察自己的不足，树立新的目标。 你做"经"来我做"纬"，共织一张爱的"网"，让每一位同学共度时艰，不掉队！

新阶段，结新网

一个多月的居家时光飞逝，很快进入了居家学习的第二阶段——由抗疫为主，转变为学业与抗疫并重。 要实现每一个学生的平稳过渡，班级建设就必须双管齐下。

线上召开班会，让学生迅速适应新变化

因为学习内容的难度升级，课堂教学将用直播平台替代原来的微信平台。 这种变化让浩浩同学很焦虑，他在班级群里反复询问如何上课，新班规如何执行。 其实像浩浩一样焦虑的同学不止一个，所以，我们的"核心策划团队"立刻细化班级管理——将班级 40 位同学，平均划分为四个小组，班委们深入各组，帮助像浩浩一样的同学解决疑难，并策划完成最新一期的班会。

班会使用腾讯会议平台召开，同学们在这次班会中提前体验了直播模式的上课效果，共同进入"线上教学 2.0 时代"。 班会中，"核心策划团队"成员图文并茂地演示新技术的操作——接龙小程序早打卡、腾讯会议与腾讯课堂的使用、提交作业的几种途径……

班会后，浩浩再也不焦虑了，还为自己掌握了新的技能而开心。

线上召开家长会，家校携手实现共同管理

为了使学生线上学习的质量有保障，班会之后我们立刻在腾讯会议平台召开了线上家长会。 家长在会上不仅亲身体验直播上课的效果，获知学校的新要求新举措，同时更理解了学校与老师的良苦用心与巨大努力，自

此齐心协力为娃们的线上学习把好"质量关"！

随着家长们逐渐复工，有些孩子白天自己在家，家长们无法监管；还有些家长虽然能在家陪伴，但管控无力，看到孩子沉溺于游戏十分焦虑。急家长之所急，于是我们专门开设了"课后自习室"。我们前期进行了家长需求调研，学生以自愿为原则申请进入"课后自习室"。

本来"课后自习室"的设计初衷是帮助那些自律性不强或时间管理能力较弱的孩子适应居家学习模式的，随着时间的推移，很多孩子喜欢上了这种学习模式，更多的孩子申请进入"课后自习室"学习。学委思思说："这里就像一块学习的净土，它营造了一种日常课堂的氛围。"

新的家校网络形成了，心与心的距离更近了。

班级建设网络初成型

小组管理机制设立后，之前有些懈怠的同学因为有了组长督促、组员影响，也越来越自律，越来越能跟上集体的步调。为了巩固班级建设成果，由班委和四位组长构建的"15 班小分队"应运而生。中队委每周组织召开交流会，组长们在做好管理工作的同时，也提升了个人能力。

自此，班级建设网络初成型，班级管理实现"半自动化"。

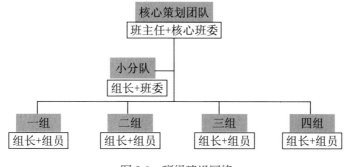

图 2-3　班级建设网络

我和班主任有个约会——关注学生心理健康

随着网上学习时间增长，测验增多，学委思思对自己的学习状态产生了焦虑感；真真因为突然增多与父母的共处时间，与家长产生了摩擦与矛盾，不知如何是好。于是，我在每周四开设了"我和班主任有个约会"谈心专场——线上"约会"诉心声。

为了保证"约会"的私密性，让孩子们畅所欲言，我们采取预约模式——班主任约同学，或者同学主动约班主任。每次"约会"可以约 1～3 人，约满为止。约不上的顺延到下周。孩子们在这里可以轻松对话，畅所欲言。可以开摄像头，面对面谈心，也可以不开摄像头，隔空倾听；可以独立对话，也可以结伴谈心。总之，怎么轻松怎么来，这里成为孩子们情感宣泄的出口。

思思和帆帆一同赴约，一边倾诉自己的困惑，一边获得师友的开解，谈笑之余，烦恼尽抛，又找回了那个自信的自己。

真真和我长谈 40 分钟之后，将自己的"怨气"与"委屈"一股脑抛出。虽然她和父母之间仍有芥蒂，但在老师的开解与分析中也逐渐认识到了自己的问题，愿意更理性地处理自己和父母之间的问题。

在这个特殊时期，孩子们与我共赴一场心灵之约，我们织起了一张心灵之网，爱的溪流渐渐滋润每一片干渴的心田。

非常时期，非常办法。我坚信，以爱发声就一定会有爱的回响。

我愿用师爱去织一张网，网住那 40 颗稚嫩的心，不让一个孩子走散，跟着集体共同前行。我们一同度过时艰，走向更好的自己。

把成长的主动权交给学子

关于学生自主管理的思考

梁原草

学生自主管理是我校的重要传统之一，校友文喆最早提出这是北京师大附中的重要特色。刘沪老校长后来加上"办学自主"，形成对于学校传统和个性的"三自"概括。今天，学校明确提出把推进学生自主管理作为学校教育，尤其是德育领域的重要目标和任务，这让我们很有必要弄清楚学生自主管理的一些基本理念，统一思想，凝聚共识，以作为行动的基础。

什么是学生自主管理

学生自主管理，就是指学生自主性的教育活动。所谓自主性，是指学校和教师免于强制、包办、操纵、灌输、诱惑、责骂、说教，学生免于被动、依附、迷信、盲从，学生主体地位得到充分尊重，学生主体性参与得到充分满足。毋庸讳言，这种教育活动是建立在自由或自由教育（将人作为人的存在的普通教育而非狭隘的职业教育、实用教育，以人道、民主和理性为基本特征）思想基础上的，没有自由或自由教育的思想，学生自主管理就无从谈起。但是，"自由"的含义丰富而富于变化，既有政治意义上的自由，又有认识论、存在论意义上的自由，还有狭义的日常生活中无拘无束意义上的自由。因不是写哲学论文，不必细究学生自主管理跟上述自由概念的区别和联系，但很有必要界定学生自主管理中自由的基本内涵。我们认为，马克思主义实践论意义上的自由，应该成为我们界定内涵的依据。袁贵仁教授认为，根据马克思和恩格斯的论述，人的自由可以看作是在活动中通过认识和利用必然表现出的一种自觉、自为、自主的状态，自由活动就是自觉的、自为的、自主的活动。① 其中，自觉是相对于"盲目"而言，自为是相对于"自在""自发"而言，自主是相对于"强制""被动"而言。自由不是主体的随心所欲、为所欲为，而是主体和客体的统一，是权利和义务的统一，是自由和责任的统一。所以，我们所说的学生自主管理，既不是有特殊含义的"自由化"，也不是无视学校制度纪律的为所欲为。

为什么要实行学生自主管理

第一，学生自主管理是教育活动的本质要求，是全人格教育的根本要求。

马克思主义认为，教育的本质，也是教育的终极目的，是让人自由、全面地发展。这就意味着，教育的产品首先是具有独立自由人格、身心和谐的人，教育必须着眼于学生人格的发育、世界观的形成和完满生活形式的获得，要求教育过程有利于学生自主性的确立和发展。近年来在这种教育观引领下形成的主体德育理论，核心思想就是学生主体在教育者的引导下，自主地构建其德行。这一理论强调受教育者是德育的主体，强调受教育者主体德行的自主构建。所谓自主构建，即个体对客观世界的认识建立在自身经验基础上，以自己特有的知识结构和经验背景来理解世界，建构自身的认识体系。

作为我校最宝贵传统的全人格教育思想，也是我们推进学生自主管理

① 袁贵仁：《马克思的人学思想》，215页，北京，北京师范大学出版社，1995。

的重要依据。 教育家林砺儒在《我的中等教育见解》中提到，少年身心之发育甚盛，人格活动之范围日加扩张，几乎对于人类所有之经验都要发生趣味，所以中等教育的任务就是引导少年人格之放射线到各方面去。① 爱因斯坦也说到，他反对学校必须直接教授在生活中要直接用到的专业知识和技能的观点。 他还认为应该反对把个人当成工具对待。 学校的目标始终应该是青年人在离开学校时是一个和谐的人，而不是一个专家。 照他的见解，在某种意义上，即使对技术学校来说，这也是正确的，尽管技术学校的学生将要从事的是一种完全确定的专门职业。 发展独立思考和独立判断的一般能力，应当始终放在首位。 如果一个人掌握了他的学科的基础理论，并且学会了独立的思考和工作，他必定会找到他自己的道路，而且比起那种主要以获得细节知识为其培训内容的人来说，他一定会更好地适应进步和变化。

著名教育家和伟大科学家的这些论述，值得我们反复学习、咀嚼。 今天我们倡导学生自主管理，就是要使我们的教育回到教育的原点，使教育真正遵循青少年的成长规律和教育本身的规律。

第二，学生自主管理是人才培养的重要方面。

上面所引的爱因斯坦的观点，虽然他本人说这只是个人见解，但他同时又说那是他自己在做学生和当老师时所积累起来的个人经验。 熟悉我们学校校史的人，都会惊讶于教育家林砺儒任我校校长期间杰出人才奇迹般涌现的现象，无论人才的数量和质量都属国内罕见。 我们毫不怀疑，这是林砺儒坚持实施全人格教育的结果，是让学生"实地经验各种高尚、有价值的生活"的结果。 直至中华人民共和国成立后，知名教育家、北京教科院前副院长文喆校友在北京师大附中求学期间，学生自主管理仍是学校主流的教育观点和普遍的教育场景，其效果之好、影响之深远，以至于多

---

① 林砺儒：《我的中等教育见解》，载《教育》，2009(28)。

年后文喆校友把它提炼为北京师大附中两大学校传统和特色之一。

第三，时代要求和当前学生总体发展状况迫切需要加强学生自主管理。

教育促进人自由全面地发展，同时也要为经济、社会的发展进步培养人才。在当前经济全球化背景下，迫切需要通过教育来提高我国劳动者的素质、科学技术创新能力和国家的国际竞争力，尤其迫切需要培养出更多创新型杰出人才。这一要求明确写入《国家中长期教育改革和发展规划纲要（2010—2020年）》之中。目前，我校的"全人格教育"已被批准为北京市国家级教育体制改革基础教育项目中的高中特色发展试验项目；基于全人格教育理念的创新人才培养模式研究，被批准为北京市拔尖创新人才培养模式试验项目，已被列为全国教育科学"十二五"规划教育部重点课题。以自由为特征的学生自主管理，既是塑造学生德行的基础，也是开启学生智慧之门的钥匙，在高质量地实施上述两个项目的过程中，必将起到非常关键的作用。

同时，社会的转型对教育带来不容回避的挑战：市场经济时代、信息化时代对青少年的自主性提出前所未有的高要求。改革开放以来，人们的自主意识尤其是青少年的自主意识虽有很大的提高，但是，由于教育的某些弊端和社会风气的某些功利化、庸俗化，一部分青少年的自主意识并未有效转化为自主发展的能力，甚至没有沿着正确轨道发展。解铃还须系铃人，解决学生自主性方面存在的问题，必须依靠学生的自主性实践，即学生自主管理。

我校学生自主管理的现状

如前所述，我校有学生自主管理的好传统，进入新时期以来，我校坚持正确的教育思想，在德育领域，继承了过去一些好的理念，形成了一些以学生自主管理为主要特征的德育活动品牌。 主要表现在以下几方面。

在班级管理方面，班主任都较好地继承了学校民主管理的传统，从班干部的选举到三好学生、优秀干部的评选，从小组的活动到班级重大事务的决定，教师们充分给予学生空间，学生有很大的发言权。 校团委、学生会及各学生社团的招新、换届、各项活动，都由学生团体自己决定、组织。 学校在校服的设计、送餐公司的选取、天天练的内容形式的决定等众多问题上，都充分听取学生意见。

全校规模的教育活动，如至今已持续开展四年的中华优秀传统文化教育，从中期开始逐渐变成以学生为主体；校内南北两处橱窗的宣传展示，也逐渐由高中学生策划制作，教师给予指导把关；《附中人》杂志的撰稿、编辑、印刷、发行，包括部分经费的筹措，更是主要由学生完成。 这些举措，旨在尝试用学生自己心灵世界的能源，照亮学生的精神世界。 应该说，效果是令人满意的。

学校有影响的几大活动——志愿服务活动、"一二·九"合唱节、诗歌朗诵活动，尤其是一年一度的新年联欢会各年级专场，都主要由学生策划组织，在一定程度上实现了学生自主管理。

但是，我校已有的学生自主管理，无论在深度和广度上，都是有限的，和先进的学校有很大差距，尤其相对于学生自身发展的需要，有很大差距。 主要问题大致有：未能渗透到学生学校生活的方方面面，未能建设成学生自主管理的平台系统，未能总结梳理出指导不同年级学生自主管理的内容系统，未能制定出利于管理、便于操作的具体方案，未能形成关于学生自主管理的环境氛围和学校文化。

如何实行学生自主管理

明确目的和原则，是实行学生自主管理所要面临的首要问题。 不能为了自主管理而自主管理，不是因为别的学校的学生自主管理了，所以我们也要自主管理，也不是为减轻教师负担而让学生自主管理。 推进学生自主管理的目的，应当是为了调动、激发学生自身蕴藏的热情和潜能，促进学生人格的养成和全面发展。 学生自主管理必须符合以下几条原则：一是健康的、高尚的、有价值的原则，二是有利于学生自主性的确立和发展的原则，三是适应学生身心特点、安全的原则。 明确了学生自主管理的目的和原则，才能为其在学校德育工作中成功地实行提供理论基础。

制度建设是推进学生自主管理的保证。 一方面，我们要梳理、检视已有的学校制度、纪律措施，看哪些是与学生自主管理精神相一致的，哪些是与它不一致的，删掉或改进那些不一致的，强化那些一致的。 另一方面，我们要根据学生自主管理的实际需要，制定一些新的制度和措施。 比如，关于学生自主管理的章程管理制度、提高教师指导水平的培训制度。

解决内在动力问题，这是推进学生自主管理的难点所在。 搭建平台、订立制度、合理评价，这些都能够从外部给学生自主管理提供动力，但更重要的动力应该来自学生内部。 而内部动力的问题，恰恰是可以预料到的难题。 一个难点可能是：学生都习惯了由他人管理，不愿意自主管理，怎么办？ 另一个难点则可能是：他人管理都出现那么多问题，自主管理岂不是要乱套？ 其实，只要下功夫，这些难题并非不可克服，且可用的解决难题的方法多种多样，如兴趣调动法、愿景激励法、任务驱动法、竞争促进法、榜样鼓舞法等。

以兴趣调动法为例。 兴趣是最好的老师，无论是学习还是自主管理，学校或老师只有最大限度地调动学生的兴趣，才能给学生自主管理带来根本保证。 因此，教师在放手之前要注意把握不同年龄段学生的认知水平以及兴趣爱好，以充分激发和调动学生的热情，使之对"自主管理"的兴趣转化为一种情感态度或者是价值理念。

操作方案是学生自主管理能否顺利推进的关键。 一件事情有抓手，可操作，方能顺利推进。 方案应该包括教师的、学生的，学校管理的、学生行动的；应该包括目标、计划、载体、过程、总结、评价等。 前文提到"自主管理"并不是全部放权给学生，而是学校有制度，教师做引导的一种学生的自主管理。 因此，宏观上，学校应该建立相关的章程和制度。 微观上，每一项活动，都应在章程和制度下制定合理、可行的方案，再放权给学生。

教师的角色定位问题是推进学生自主管理所面临的新课题。 按照爱因斯坦的观点，教师应该在他的本职工作上成为一个艺术家。 在学生自主管理的背景下，我们很有必要重温人道、平等、尊重、民主的真正含义，同时，千万不能有"从此负担就要减轻了"的想法。 学生自主管理对学校、教师实际上提出了更高要求，需要大家的视野更开阔，眼光更敏锐，方法更科学，设计更周密，指导更及时，所以，在某些阶段、某种意义上，很可能是负担反而加重了。 只有在提高自身师德修养和教书育人能力这两方面做好了，才可以逐渐找到艺术家的感觉。

推进学生自主管理必须注意的几个问题

一是要从转变教育观念的高度认识学生自主管理的问题。 学生自主管理，表面看起来是个教育方式问题，实际上是教育的目标和内容问题。 教育要促使人自由全面地发展，学生自主管理是必由之路，不是权宜之计，更不是搞花样。 教师要真正树立把班级交给学生、把德育交给学生、把成长的主动权交给学生的观念。

二是要从整体教育模式的角度认识学生自主管理的问题。 如果承认学生自主管理涉及对教育目标和内容的认识问题，那么，它反过来就会要求一定的教育形式与之相适应、相匹配。 这种形式应该是整体上的，而不仅仅是德育的。 当然，学校整体育人模式的变革，将会是慎重的、逐步的，在此条件下，德育部门施行学生自主管理，也将是有局限的。研究整体育人模式变革之前的学生自主管理，是当前的任务。

三是学生自治效果的评价标准问题。怎么评价学生自主管理的效果？比如，学生自主管理后可能秩序更乱了，矛盾更多了，标准更低了，质量更差了……我个人觉得，对这些要有心理预期，要有容纳的准备，教师不可一焦躁就把"学生自主管理权"收回来。另外，学生自主管理成效显著，但学生的分数变得不理想，怎么看待这个现象？教师能不能够真正杜绝"考试分数差就不是天使"的学生观？

我觉得，以上几个问题不认识清楚，不解决好，学生自主管理就极有可能是假的自主管理、短命的自主管理。

创造一个支点，撬动学生成长

——成长需要激励和欣赏

邰美秋

不同寻常的"问题"少年

开学伊始，小邓就显示出他的种种与众不同。他家境优裕，祖父是高校教授，父母亲均为大公司高层。他相当聪明，知识面比较宽，爱关注社会问题，往往"成一家之言"；他是个萨克斯高手，还会魔术表演。但是，在学习上，他不满于现在不够个性的教学方式，他除了自己喜欢的物理课之外的课程，都得过且过，能混就混。譬如，对于我这个班主任教的政治课，他不屑一顾。上课时，小邓耷拉着脑袋，漫不经心地翻课本，有时趴在桌上摆着一副无精打采的神情，一句话概括——消极抵抗。在回答"谈谈你对政治课的看法和要求"时，小邓直接在纸上写：老师，为什么要学政治？他把问号写得大大的，挑战似的质问着我。月考时，他甚至满不在乎到忘记交政治答卷的机读卡！第二天一大早，他把带回家的机读卡交给我，还一脸骄傲地说："老师，我一个都没改!"结果，满分100分，他仅仅考了37分。这次月考，小邓除了自己喜欢的物理科目考了98分，其他科目都不及格。

我"搭台"，盼"过招"

该怎样激励这个骄傲、聪明、品质不错、个性十足的孩子，让他能主动在高中学习中寻找快乐，均衡发展，展现自我的风采呢？ 我决定制造机会，给他创造挖掘自身潜力、展示自我的舞台。

讲授货币的产生和本质这一议题时，我请小邓收集资料和图片制作幻灯片介绍货币的发展史。

"呵呵，小邓，这是个机会啊，可以加——5 分！可不要小看这 5 分啊！平时考试没考好，总评 55 分，加上 5 分可就是……行吗？"

小邓表示："行。"

我又故作担忧地问他："这个题目要讲得有条理、深度、趣味可是相当不容易啊！你能做好吗？"

他一听，不高兴了："老师，您别看我考试考得不好，讲课我可是一点问题都没有！我初中时讲战争，老师都感动得哭了呢！"

我乐了，说："行！那我就拭目以待，看你的了！"

在接下来的一个星期里，小邓不断地问我货币方面的问题。 "老师，什么叫金本位制？""老师，银行券是什么？""老师，什么叫国际收支平衡？"……他告诉我，为了上课，自己正在阅读黄达编著的《货币银行学》。 我告诉他，黄达的《货币银行学》进行了修订，新版书名是《金融学》，有些观点有变化，可以拿过来对照比较。 他有点吃惊，大概是因为发现老师的知识储备超出了他的估计。

"台搭好"，他"唱戏"

展示的那天，小邓事先就跟我讲："老师，我可是要讲一节课的！"我说："没问题！"那一天，他果真讲了整整 40 分钟，而且特别精彩。 他没有像其他同学一样简单地介绍一些货币，而是从货币的起源谈起，讲货币形态的变化、币材的变化、货币制度的演变、货币发展的未来趋势，最后谈如何对待货币。 他讲解的内容非常全面，挖得很深，远远超出了我事先提出的要求，制作的课件文字精练、逻辑清楚、色彩和谐，用了大量货币的图片，包括我国的5套人民币和当前世界各国的货币。 与此同时，他还向大家展示了不少的国内外纸币，为了介绍电子货币，他专门用摄像机拍摄了如何申请网上银行卡。 最后讲货币价值观时，他使用了一个由一组反映贫穷和战争的新闻照片组成的极具震撼效果的 flash 动画，倡导人们"取之有道，用之有道"，将金钱用于致力于人类福祉的事业。 展示结束后，全班响起了热烈的掌声。 课后，我发现他将自己要在课上讲的每一句话都事先写下来了。 这个孩子的准备之认真、头脑之聪慧、表达之从容不迫而不失幽默，给了我无比的震撼！孩子们的学习和创造力远远超出了我的想象！

用支点撬动成长

当天晚上，我给他写了一封信。 首先，我对他今天的讲课从内容到表现都做了细致的点评。 其次，谈起他偏激的教育观点，我指出当前的教育方式是有这样、那样的缺点，然而它也有先进性和合理性，而且较之过去已大有进步，也在不断完善中。 我们必须看到祖国正致力于教育的改革创新，教育的明天肯定会越来越好。 一个真正优秀的人必定是积极、乐观的，必定是懂得适应社会，并在成长中建设社会，从而推动社会进步的。 最后，我这样写道：你有非常聪慧的脑袋，而且你有一种认定了一个目标就坚持不懈地迈进的卓越品质。 这两者都是财富，后者尤为可贵。 老师真为你高兴！请不要弃之不用，浪费它们！我知道，今天讲台上的你才是真正的你！让我们永远记住此刻的你，而不是月考中的你、无精打采的你、偏执的你！你的长辈们都是那样的出色，你应该也是啊！我期待着！

之后，一些我期待的变化在小邓的身上显现了。

经过进一步的沟通和对社会、经济问题的共同探讨，他对政治课的态度改变了，我的课在他眼中是有用、有趣的。其他科任老师也反映，他听课变得专注了，提问题的次数多了，成绩进步了。

继续"搭台"，给成长支点

在以后的接触中，我发现，大概是家庭环境的缘故，小邓对经济学兴趣浓厚，对经济热点话题非常关注，看法比较全面，常常有自己的思考。我怎样利用这个来激励他？不久，我们选拔学生参加北京市的商业挑战赛—— 一个基于模拟软件的企业经营管理竞赛，一年一次，高中生和大学生同台竞技。我找小邓谈话，说明了竞赛的难度，问："有胆量去搏一搏吗？试一试怎样？"他兴致勃勃地投入到企业经营决策的学习中。在研读复杂的企业财务报告时，他的母亲成了后援团，当上了儿子的指导教师，家庭氛围更和睦了。在那一年的比赛中，他和队友首先从校内的选拔赛中胜出，而后在北京市的比赛中冲入决赛，最后获得了第四名（第一、二名为清华大学和北京大学的学生）的好成绩，这是我校历史上的最好水平。

小邓彻底变了。我看着一度懒洋洋的学生变得积极进取、神采奕奕、光芒四射，用同学们的话说是："小邓依然很酷，但更有思想，更有才华了。"期中和期末考试，他的各科成绩都有了长足的进步，"红灯"不见了，有好几科的成绩都进入了班级的前列。他开始乐于用所长为大家服务。他的萨克斯在北京市级比赛中为学校争得了荣誉。他的令人炫目的魔术表演不仅带给我们班学生欢笑，还在年级的新年联欢会上赢得了全年级同学的热烈掌声。

我曾看到过这样的话：你用什么样的眼光去看你的孩子，他就会变成什么样的人。 教育的魅力不在于传授本领，而在于激励、唤醒和鼓舞。对于小邓这样的学生，教师要做的是发现他的优点，期待他的卓越表现，为他创设挑战性的任务，此时"皮格马利翁效应"就会出现，最终，我们就能欣赏他的成长。

懂得激励，学会欣赏，这是教师的爱的艺术。

做一个先"用心"再"偷懒"的班主任

任 爽

"后天就要正式开运动会了，请问咱们班的班牌在哪儿？"终于，在等待了一个月左右的时间后，我等到了这个机会，此时的我，正怒视着班里的每一位学生，喊出这句话。

故事要从我接班前的日子说起……

与"混乱班级"的初次交手

2018年8月30日，是我与这个集体的初次会面。而正是这一天，给了我当头一棒！孩子们规则意识的淡漠让我略有震惊——在我进班的那一刻，看到的是一片杂乱，孩子们没有任何"老师来了"的意识，依旧说说笑笑、打打闹闹。我知道，这条"治班之路"一定不会顺利，未来的路也必将任重道远。

果不其然，开学后的混乱随之而来：学生快迟到了，仍旧漫不经心地进班；教室杂乱不堪，课堂纪律散漫，学生的学习习惯不佳，作业完成有问题……。类似种种问题纷纷而至，我每天都在处理这些事，颇感疲惫。于是我意识到，这个班级的主要问题是没有"班魂"，也就是集体意识与集体荣誉感淡漠，而"班魂"只靠班主任一人支撑是绝对不行的，我需要培养一些得力干将助力"班魂"的形成。

做好准备，说干就干

意识到培养方向，我便把重点花在了对班委的任命与培养，以及合理制定班规上。通过观察和简单交流，我重新任命了班委，召开了班委会，引导制定属于自己班级特点的特色班规，将班中大小各项事务都责任到人，明确每名班委的职责，并让班委整理自己的那一部分，为新学期第一次主题班会做好准备。

"原来班长有这么多事儿要干，不是就发发通知！"

"我一直认为学习委员就是学习好的人来当，在班里只是摆设，没想到学习委员居然要写这么多计划。"

"每个人的活儿都挺多啊！咱周末可得好好准备，不然周一班会时现眼可就麻烦了。"

"咱们提这么多要求和规定能行吗？大家会听吗？能遵守吗？"

…………

这是来自班委们的一些小抱怨和疑惑，虽然他们对这些新的规定与职责还存在疑问，但我能感觉到他们每个人都挺重视班集体，都准备大干一场。

初尝果实，乘胜追击

就这样，班会如期举行，会上进行了班委述职及班规的宣布。我们的目标是：流动红旗不流动，争做先进平行班！但是起初，工作进行得并不顺利，孩子们对我的管理并不适应，私下经常怨声载道。直到第二周过去，第一次流动红旗评选后，班长把流动红旗拿到班内时，我竟听到了大家如雷的欢呼声！孩子们第一时间欢呼了起来！每个人都笑得像花儿一样！他们的欢呼震撼了我，没想到孩子们竟然如此在意这个荣誉！这让我有了信心，我一定要借着这个气势坚持把班级治理下去！

之后的一个月，我经常在班内查看各项日常规范的落实，了解学生的心声，并且常常"身行示范"，例如，进入班级便主动收拾起讲台，地面有纸就随手捡起等。我们的流动红旗也真的连续好几周一直都没有"流动"！可能是孩子们感受到了切实的荣誉感，也习惯了教室里那面流动红旗的存在，大家对我不再抵触，都慢慢地越来越配合做集体的事，每个孩子也都在努力地做好自己的事，甚至有几个孩子私下给我发微信，表达着"这个集体，有人这么管，真好"。当时的我确实开心了一下，但随后却总感觉哪里不对，思前想后，我明白了，是"有人这么管"这几个字的问题。我问自己：我培养的难道只是"在强压下受管教的乖孩子吗"？答案当然是否定的。学生们只有学会了自我管理，拥有自我控制、约束的意识和能力，他们未来才能在面对纷繁复杂的社会时不迷失方向啊！

之后的一个月内，我一直寻找合适的契机，因为简单的说理无法起到很好的教育效果。就在这样等待的过程中，终于……

盼来契机，终于"出事"

校运动会即将召开，在一次中午的彩排入场式后，大家说说笑笑回到了班级，而我发现并没有孩子去收回入场式的练习道具。我心中窃喜——契机来了。于是，便发生了文章开头的一幕。

下午的班会上，我一进班就进行了"灵魂拷问"："后天就要正式开运动会了，请问咱们班的班牌在哪儿？"大家立刻略显紧张，面面相觑却没有人回答我，这时候他们才发现，这份重要道具竟然丢了！并且，丢失的不仅有班牌，还有一部分需要同学组队形使用的拼板！然而后天，运动会就要正式召开了，重新设计制作肯定来不及，大家终于开始着急了！而我，终于在算好的这个时候"急"了，我面对全班学生，说道："这个集体是大家的，不是我班主任一个人的，一个月以来，班里的大事、小事，方方面面都是我一个人在操心，大家的主人翁意识在哪里？ 大家又是怎么爱这个集体的？ 难道只有我一个人每天心心念着这个班吗!"紧接着，我又跟孩子们讲述了我在工作之余还需面对的一些困难，而面对这些困难，我没有一件事出了差错。 我想用自身的事例，让学生懂得自己在班集体中的重要性，懂得承担责任、体谅他人，懂得感恩。 我表示，在这一个月当中，我无时无刻不在操心着各种事，我累了，这次失误我不再管了，班委作为班级的建设团队，自己组织同学处理，如果大家都不怕后天运动会上丢人，那我也不怕!

班级自主管理初形成

就在我开完班会后，班委们急了，立刻召集大家一起想办法，做预案。 有的人到学校各处室询问，有的人在操场奔波寻找，有的人联系学生处"公开悬赏"，还有的人默默回到幕后重新设计并制作道具……最终，在大家的共同努力下，班牌和拼板找回来了，还有同学在其中增添了新的设计，当天晚上，问题便圆满解决了。

这之后，班长跟我说，大家都看到了我离开时的伤心与失望，很心疼我，有些同学还后悔得掉了眼泪，班委便带头写了倡议书，集体签字交给了我，号召大家对集体上心，各尽其职，建议大家多为集体建言献策。 看到这些，我的眼眶也湿润了，我发现孩子们都是有心的，我对他们的付出，他们也是看得到的。 他们不是不能或没有能力做好，而是责任感缺失的问题。 有了这份沉甸甸的责任感，我相信孩子们会越来越好!

"偷懒"的班主任，自主管理的班集体

在这之后，我便在学生们面前越来越"懒"，很多事情都交给班委们

去做，更多的是退到幕后给他们关注和指导。 在这两年中，我和孩子们一起参加了由班委们一手组织筹划的系列特色班级活动：每月生日会、心理测试与分析、班委述职与总结、运动会精彩瞬间、游学心得与感悟、考试后总结与反思等。 高三时班委们更组织了大家能抒发情感与感受的畅谈会。 这些丰富多彩的活动营造了班集体和谐融洽的氛围，唤起孩子们向上的愿望。 而除了这些设计好的班级活动，班级难免会发生一些"特殊事件"，而即便是在这些特殊事件发生时，班委们都能第一时间站出来，自行开班级会，且为每一次事件画上一个圆满的句号。 就是在这一次又一次的"自我设计与管理"中，我慢慢发现，班委这个领导班子算是真的培养起来了，他们所做的经常会给我惊喜，效果比我一个人在讲台上说要好得多！并且在这一次又一次的磨合中，在集体的力量下，部分曾经需要我特殊关注的学生也逐渐融入集体，有所进步。 我终于慢慢实现了引领学生深度成长和实现学生自主管理的愿望。

我曾经听到过这样的形容班主任工作的句子：一间教室、一个花名册和一段共同度过的时光。 对于班集体而言，班主任无疑是这个集体的核心，但班委更是必不可缺，是实现班级自主管理的最强助力！班主任固然需要事无巨细地管理，但在合适时也要"懒"一些，因为班主任要培养的是"自律、有规划、有责任感的全方位人才"，而不是"被管教的乖孩子"。 所以，要相信孩子们的能力，大胆放权让班委们做事。 但前提是前期一定做到规范要求、落实责任，然后才可以在看似大胆放手的过程中统领大局。 班委的能力与责任感一旦培养和塑造起来，最终的结果也会如我们所期待的那样，逐步建设出极具凝聚力的"班魂"，实现班级自主管理。

我的班会我做主

王　宏

班会之"痛"与"悟"

班会，是每一个班主任的主阵地，而我经常在这个主阵地上"遍体鳞伤"。班会课上，有时我是一个慷慨激昂的演说家，一番演讲，却仅仅感动了自己。此时我就是鲁迅笔下的那个"独自在荒原中呐喊的勇士"。作为听众的学生"既无赞同，也无反对"，只看我一人在热情而孤独地呐喊。有时我是听众，退居幕后，规定题目，让学生去当"演说家"。然而结果更让我难以接受，台上台下一片沉寂，连台上"演说家"的热情都烟消云散。我和学生共同在"荒原"中，挨过漫长的 40 分钟。班会课就这样成了我们共同的"痛"。

但我依然选择做一位"勇士"，不肯放弃我的主阵地。

几经失败，几经思索，我逐渐有所感悟：此时我所做的，不应该仅停留在要守住这方"阵地"，在阵地上对学生"晓之以理，动之以情"；而是要"导之以行"，打破"阵地"的意识，让学生真正地参与其间，共同营造一个属于学生自己的"青春王国"，让学生自己在这个"青春王国"中，自我感知，自我认识，自我提升。

于是，我在接下来的班会中进行了若干的尝试。

班会之"变"

在组织班会之初，为了激发学生的参与意识，给学生更多的展现自主性的空间，本着"我的班会我做主"的理念，我将班会的主题确定为"百变班会"。 一个"变"字旨在为学生搭建平台，让他们勇于创新，在"变"中发掘自己的创造力，而不是拘泥于以往班会的形式。

我先让学生们自愿组合分成若干个小组，以小组的形式提出自己的创意，将本组的班会创意及简单的流程以 PPT 或其他的形式做一个简单的介绍，并且让学生将各组的班会创意以海报的形式展现出来。 在此基础上请班长组织投票，统计每组的班会创意在班内的受欢迎度，以此来确定每组班会的呈现顺序。

有了这些前期工作准备，每组同学都能够认真策划和准备自己设计的班会，同学们的参与热情较高，真正做到了"我的班会我做主"。

下面仅借两种特色的主题班会，介绍"我的班会"如何"我做主"。

学生根据近几年较流行的电视节目《一站到底》，组织了班级"百'站'不殆"的系列知识竞赛的活动。 下面简单介绍"百'站'不殆"系列知识竞赛的流程。 首先确定主持人（学生自荐），由主持人负责组建自己的4～5人的策划团队。 策划团队的同学负责规划本期竞赛的所有流程。 同学们还自己设计了竞赛试题的范围，自己命题。 竞赛试题的内容不仅有课内的语、数、英、史、地、生及时事，还有体育、音乐、美术、生活常识等多方面的内容。 学生每个星期自己命题，每一类型的题目都由擅长这一科目的同学来提供。 几期活动下来，他们已经积累了自己的题库。每期的参赛选手由每个小组推荐一名同学参加，共六人，每期选出一名"战神"。 六期节目之后，保证全班 40 名同学都参与了答题环节（有的一期是 7 个学生参加）。 第七期是由每一期的战神参与最后的角逐，确定我们班的"战神"。我们还确定了一个规则，每一期的赛制可以根据每期策划团队的特点有所改变，这样就令每一个策划团队都能在继承的基础上有所创新，最大限度地让每个团队都有自己的创意空间，不让每一期的形式僵化，很好地体现了我们"百变班会"的"变"字。

这样几期班会下来，同学们的参与热情越来越高，策划团队也不断提高自己的组织策划能力。就拿小小的计时员来说，学生们都不拘泥，由最开始的手机计时，变成了用班级的大屏幕计时，增加了竞赛的气氛。还有小组别出心裁，给本期的"战神"手绘奖状，有的小组还让"战神"在大屏幕上签名，甚至会留下"战神"的手印。总之，每一个策划团队都不甘落后，不断地求新、求变，让每一期的班会越来越精彩。

另一特色班会是"模拟探险活动"。

初二上学期时，学生对语文课本中的《伟大的悲剧》一文印象深刻，对斯科特所带领的南极科考队充满了敬佩之情。在此基础上我们设计了"模拟探险"的主题班会活动。

学生们设置了几个探险的对象——"金字塔""热带雨林""海底世界"等，并组织了自己的科考队。每支科考队要查找资料详细了解科考对象，并确定科考队临行前的准备；之后在考察的过程中假定自己遇到了哪些困难，并通过怎样的方式解决了问题；最终汇报科考成果，写科考日记。有一组学生令我印象深刻，他们视野更宽，更有创意。他们选择了苏联的切尔诺贝利核事故现场，假定自己是核研究学家，在核爆炸当天正在切尔诺贝利进行科学考察，他们共同经历了核爆炸中的生死考验，提升了队员之间的友情。

班会之"得"

我还给学生一个"阵地"，学生为我展现一片"天地"。就这样，我们班围绕不同主题,由学生以团队合作的方式,通过不同形式呈现了丰富多彩的主题班会活动——"百辩大家秀"辩论赛、"汉字听写大赛"、"青春期正能量"主题讲座、微电影制作等。

我还鼓励学生"走出去",到更广阔的空间寻找班会的主题。例如:我们组织了"漫游琉璃厂""品味牛街小吃""参观国子监",在梁启超墓前朗诵《少年中国说》等丰富的班会活动。三年中,每一位学生都至少参与了一次主题班会的策划活动,真正做到了"我的班会我做主"。

在各种班会活动的基础上,学生编辑了我们的班级作品集——《我最敬佩的人》《约会名著》《我看衡水中学》《"毒"牛奶与"读"牛奶》……我们班还成立了"八班电影制片厂",每期活动都有同学负责整理班级活动资料,制作精美的班级视频。

我将班会这个班主任的"主阵地"还给了学生,使学生在这个"青春的阵地"上历练自己,完善自己。班会不再是我们共同的"痛",而是我们共同的天地。每个学生在这个"青春的阵地"上绽放着自己青春的光芒,开创了属于自己的"青春的天地"。

著名教育家陶行知指出:"要解放小孩的自由,让他做有意思的活动,开展他们的天才。"①在班会这个主阵地上,我曾经是一位失败者。失败之根本,是我没有"解放学生的自由",没有"让他们做有意思的活动",学生自然无法展现他们的"天才"。但当我放弃做坚守阵地的"勇士",将阵地还给学生,我看到了学生的另一面,看到了另一片令我惊讶不已的"青春的天地"。

---

① 陶行知:《陶行之全集》第 3 卷,448 页,成都,四川教育出版社。

疫情之下，云上传情

——成就更好的自己

赵　玲

寻　味

2020 年年初，一场疫情席卷全球，全体师生不得不继续居家，开展线上教学。然而，我每每和学生交流，言辞之间，大家总觉得少了些什么，线上教学没什么太大问题，可我们总是觉得少了点儿味道，究竟是什么味道，没人说得清楚。直到 2020 年 3 月 14 日京师教培公众号推送了一篇名为《见字如面 | 请查收老师们写给你的亲笔信》的文章，大家看后才终于知道缺了的味道究竟是什么。

在这篇推送中，北京师范大学附属学校的老师们亲笔写下了对学生们的想念与牵挂、寄语与期盼。最重要的是，学生们看到的是老师们亲笔写下的字迹，而非一个个规整排列的黑色宋体字。在一张张图片中，有的老师写下了一首原创的诗歌，有的老师写下了一封长长的信赠予学生，有的老师给自己的文字配了活泼、可爱的彩笔画，还有的老师发挥书法特长，挥毫泼墨，端庄大气的毛笔字尽显风采……

这份推送在我们班级的班会上被讨论得很热烈，大家感慨最多的是虽然每天对着屏幕上课，师生互相看得见也听得到，可毕竟远隔千里，师生情感上的沟通与互动似乎比以往少了很多。这份推送好似一个礼物，让大家有重回校园，老师就在身边的感觉。

解　味

网络的那一端，教师们想念学生，感情真挚热烈。 网络的这一端，学生们也十分想念老师。 那为何师生不将这份感情表达出来呢？ 一番讨论后，大家决定推出以"致恩师"为主题的班级公众号推送。

一天的时间，大家就交上来了写给老师们的思念与感谢—— 一些同学撰写了书信，一张张信纸承载的不仅仅是简单的文字，还有热烈的情感；一些同学准备了绘画，有中式山水画，有素描肖像画；一些同学凭借天生的好嗓音录制了朗诵表演，无论是诗歌，还是散文，都朗诵得有模有样；最精彩的是几位说唱歌曲爱好者，经过一番酝酿，两天以后，他们把歌词写出来了，又把歌曲唱出来录了音频，如下。

> 当那新冠病毒肆虐荆楚大地/My teacher let me go /我们去过的每间教室像寄托/我们也笑过/疫情期间的每个片段/都有您的温暖/同频共振时刻传递您的牵挂/带给我们平安/是因为您/在我身旁/因为您/才让我 run /因为您/才让我变得强壮/因为有您/让我们不再感到迷茫/是您让误入歧途这四个字没出现过/当我梦想考上我的第一志愿/您说没错/只有坐在考场上的我才最有气魄/I never give up /因为有您的教诲/即使是自主学习也能让我不后退/您每天录课播客批改作业很受累/只记得您跟我说知道努力从未 too late /我像是一匹迷途的千里马/遇到您像伯乐一样给我力量/让我重新激励自己/就像是当初开学典礼/礼堂初见后/突然觉得生活充满意义！

大家听到这段说唱音频，一阵暖流涌上心头。 我们都觉得这是送给老师们最有创意的礼物。 可是现在这只是个简单的音频，是个半成品，要是一个成熟的作品就更好了。 经过一番讨论，几位同学决定再努把力，把音频配上图文，变成一个视频，这首说唱作为背景音乐。之后，几个会做视频的同学主动加入到了他们的队伍中。

两天以后，视频制作出来了。视频不仅将老师们在疫情中的辛勤付出、老师们写给同学们的谆谆教诲和学生们给老师的回应都展示了出来，也将学校建校以来涌现出的优秀前辈展示了出来，更将全国万众一心抗击疫情的各项工作都展现了出来，这成为"云上"最美的情。

回　味

这次活动中，我们班在公众号一共出了两期文章。2020年3月17日晚，我们推送了《致恩师：落红有情，润物无声》，此文章以文字和图片为主；2020年3月22日晚，我们推送了《致恩师：同频共振铸师魂》，此次以视频和音频为主。这两次推送都得到了学校的认可，并被学校的公众号转发。随视频推送的还有几位制作组同学的心得体悟，如下。

起初我对写说唱歌曲这件事是一种完全拒绝的态度。因为它很难写，并且我不知道如何围绕感谢老师的主题进行创作。在朋友和老师的鼓励下，我抱着试试看的心态查阅了各样的曲子……对于歌曲的最终呈现，我们想到的办法是演唱的两个人只录音，然后我合成到一起……在我被两个人的声音"折磨"了两个小时后，歌曲的最终版终于诞生了。回想刚开始，我想都没想就否定了自己的能力，现在真是给了我一个很大的惊喜。用心尝试，只有不断尝试，才能获得最终的胜利。（孙同学）

我在视频剪辑方面是个初学者，只会用手机剪辑，素材又一直找不全，所以开始时既浪费了大量时间，做出来的东西又只是简单的素材拼接，我不满意，于是，我们做了第二稿。有了前车之鉴，为了在制作时能一气呵成，我们在开始制作前收集了大量资料，改善了音乐，确认了具体思路和方向。虽然说我已经有了一次制作经验，但是制作时间还是出乎意料的漫长。说唱歌曲的节奏感很强，我们为了和图片能够有所衔接，着实是花费了不少精力。当然，这次的经验为我日后的视频制作提供了宝贵的经验，也是很值得了。（王同学）

《诗经·国风·卫风》中有言：如切如磋，如琢如磨。 这个视频是凝聚了许多同学心血的作品，这也是一份经过了一次又一次打磨，变得越来越好的作品。 正如我们班一直以来所倡导的班级文化：成就更好的自己。它听起来美妙动听，做起来却需要百倍的勇气和不懈的努力。

回顾整个活动的前前后后，从小的方面说，同学们从什么都不会，到慢慢制作出音频、视频，从对音频作品不满，到最终以完美的视频收官，呈现了图文兼有、声情并茂的完美推送，这个过程本身就是成就更好的自己的过程。 从大的方面说，此次活动中，同学们收获的不仅仅是几项关于视频制作的技能，最重要的是，大家学会了如何以更多彩、丰富的方式来表达自己对老师、前辈、医护人员的敬意与感恩。 而"关怀身边人，关心当世事""铁肩担道义，妙手著文章"，恰恰是我期待的当代北京师大附中学子要有的温度与情怀，这更是"成就更好的自己"的"高阶"体现！

"成就更好的自己"是我们班的班级文化与理念，同时，我更认为，"更好"这一对未来的憧憬与期待，不仅是教育的终极目标，也是一个人乃至一个社会成长的真谛。 对于学生而言，它不仅体现在获得一份优异的学习成绩上，更体现在成长的方方面面，体现在每一件小事中。 教师适时引导学生尽力把每一件事都做到"更好"，这才是完整的人的教育。

"四班电台"开播啦

——疫情期间学生的情感建设

梅 超

正式开播

Hi，大家好，我是今天的播音员清扬，今天想给大家推荐一部与法律相关的综艺，也是我本人非常喜爱的节目。因为了解到一些同学未来想和我一样攻读法律专业，所以我强烈推荐它，感兴趣的同学可以看看。这个综艺是《令人心动的 offer(通知书)》。

这部综艺主要讲述了八名怀抱着律师梦想的法学院学生离开校园后步入职场的故事。他们经历了为期一个月热血、残酷又励志的律所实习生活，只为争夺两个律所转正 offer(通知书)。这八名实习生在实习过程中接受一个个未知且有挑战性的案件，而且还要在规定时间内完成长篇的法律分析报告或者组队进行辩论。这不仅要看个人能力，同时还要注重团队协作。当然，这部综艺里的实习生们都是清一色的高颜值、高学历的小哥哥、小姐姐，不仅有中国人民大学、北京航空航天大学的帅气小伙，还有来自华东政法大学、西南政法大学等专业院校的小姐姐。

更多精彩内容就留给你们去看吧！以上就是我今天的分享，我要选择雪婷做明天的广播。感谢大家的聆听，我们下期再见。

这就是我和学生们共同创建的"四班电台"的节目，每晚九点，班级群里都会有两位播音员（一男一女）和大家分享故事，可以是一本好看的书籍、一种解题方法、一点学习心得，也可以是一部电影观后感、一道新学的菜、一条新闻解读……每位播音员用五分钟的时间，不限制主题，自由发挥，分享结束后需要点下一位同学播报，将活动接龙下去。

电台的由来

2020 年伊始，新冠疫情蔓延至全国，原定于 2 月 16 日的开学报到时间无奈被推迟。随着境外输入病例的不断增加，北京地区防控压力陡增，何时开学，成为师生心中共同的疑惑。在学生的"居家学习月总结"中，大多数学生都表达了生活的枯燥、内心的焦虑和情感的压抑。如何给学生一个情感表达的窗口，能在今后的居家日子里，重拾班级的温暖，找到一种情感的寄托，成为我最近思考的问题。

我睡前有听书的习惯，我了解到大多数同学也有这个爱好，那么，与其听别的播音员讲故事，为什么不听自己人讲呢？于是，"四班电台"应运而生。我首先和班委商量了我的想法，在获得了班委的一致支持后，在"云班会"课上我同所有学生交流了设计方案。没想到方案一经推出，留言板下方学生们积极响应，纷纷点赞。好的开始是成功的一半，如何做好第一期"四班电台"，显得至关重要。为了鼓励大家积极参与到"四班电台"活动中，作为班主任，我身先士卒，第一期"四班电台"即由班主任、班长、团支书共同播报。广播结尾处，班长和团支书都选择了次日晚需要播报的同学，被点名的同学既惊喜又兴奋。

经过第一期的认真筹划，"四班电台"深受欢迎，一经开播，瞬间点燃了大家的热情。于是，每晚 9 点，聆听"四班电台"中的实用干货和情感交流成了我们共同的守望。下面与大家分享前三期的内容。

表 3-1 "四班电台"介绍

	播音员	播报内容
第一期	班主任	经济学中的"及时止损"理论：人生就是一场投资，懂得及时止损，尽早抽身而退，才是大智慧。居家学习更需要自律自强。
	班长（男）	你对国际赛车运动感兴趣吗？你想知道我是怎么学习赛车运动的吗？让我来分享给你听……作为一名赛车选手，无论输赢，重在奔跑。
	团支书（女）	今天我想给大家推荐一部与法律相关的综艺，也是我本人非常喜爱的一个节目，《令人心动的 offer（通知书）》。
第二期	男生	以史为鉴，论古知今，今天让我带大家走近历史上的瘟疫、灾害……
	女生	选一首好诗，伴着夜色念给你听……
第三期	男生	为什么我如此热爱历史？这要从《毛泽东传》说起……
	女生	今天我要给大家介绍的内容选自《环球科学·天文学专刊》。相信大家或多或少都知道，我们生活的宇宙并不是无尽的永恒……

一点反思

今年是我班主任工作的第四个年头，四年的时间，说短不短，说长不长。其间为了加强班级文化建设，大小活动我也举办过很多，但是实际效果都不如"四班电台"。比如报名运动会时，有时候报名即遇冷，最后只能由体委强拉人上。也有些活动，最初办得非常好，但是并未能很好地延续下去。

"四班电台"之所以能够成功运营，并且一直延续播报，我想有以下四点原因：第一，想法新颖、活动创新，摆脱千篇一律，给学生"新鲜感"；第二，从想法变为现实的过程中，需要班主任带头发挥模范作用，班主任参与其中，学生也会热情高涨；第三，电台最大的魅力在于，它不是命题作文，不是强加给学生的任务，而是鼓励学生自主发展，自定主题，操作空间大，同伴之间相互启迪，学生在活动中收获的不仅仅是知识、技能，还有情感的交流、班级的温暖；第四，"点名接龙"确保了活动的延续性，从一个"播音员"到另一个"播音员"，一个又一个故事在分享中传递。

"四班电台"作为特殊时期加强学生情感建设的一种做法，为个人成长提供了一个全新的平台。在这个平台上，学生乐于分享自己的兴趣爱好、情感心声，分享自己与别人不同的一面，从而激发自身的主观能动性，共同参与到班级事务中。也正因为有了每个学生的积极参与，我们才能够听到彼此的故事，相互交流，思维碰撞，携手同行。

疫情终将过去，但是"四班电台"会一直持续下去。学校每周一的早读固定交由班主任安排，不受其他学科影响，为"四班电台"转战线下提供了极佳的场所。学生将不再局限于语音播报，而是可以借助教室多媒体，综合运用图片、视频、音乐等方式展示自己，图文并茂，把故事分享给大家。

未来，当我们再打开手机里面的听书软件，我们也一定会记得，在漫长的岁月长河中，"四班电台"伴随我们度过了一段美好温馨的时光，成为我们甜蜜的记忆、深情的凝望、共同的精神家园。

秋游中的四次掌声

——增强班级凝聚力的妙招

余佳蔚

2019 年，进入初三以来，因为走班制度，我有了两个三班。行政三班的学生是我从初一就带起来的，因为有两年多的接触，在我的高压政策下，他们普遍乖巧，有规则意识；教学三班的学生则来自初三各个班级，人数多，学生层次、性格都迥然不同。在这种班级建制下，教学三班的集体意识一直都不强。为了解决这一问题，学校组织了以教学班为单位的秋游——黄花城水长城拓展活动，对于所有的孩子来说，这都是一个挑战。

从接到秋游通知到下发分组情况，我可以听到孩子们各种各样的声音。

"为什么不按原班级组织春游？"

"为什么不允许我们私下调换小组？"

"初三了为什么还去秋游？"

…………

而情况更严峻的是，本应该是 42 人的班集体，有 9 人请假，这也在我的意料之中。有些学生觉得初三的学习已经很累，秋游只会加重负担；有些学生则觉得教学班的同学都不熟悉，去了没意思；甚至有学生就是因为没法早起，所以谎称生病……早上，在去学校的路上，我已经想好要为教学三班的学生们鼓三次掌，并做好了再次分配小组的计划。

第一次掌声：给有责任感的自己

我一进班，就有好几个学生问我："老师，是不是这次很多同学都不来呀？"有的学生很不开心，有的学生表示羡慕。我笑了笑，让他们都回座位坐好。

我说："来了的同学，你们首先应该为自己鼓一次掌。"

大家都一头雾水。

我说："这么冷的天气，又才 7 点出头，你们能坚持来学校，说明你们内心是有责任感的。有些同学的责任感来源于小组分组，因为对于一个团体来说，'一个都不能少'；有些同学的责任感是源于有行政班的概念，'我不能给班级带来麻烦'；有些同学的责任感则是知道'学校规定的活动，我必须要参加'。因此不管是谁，今天你们都体现出了有担当和责任意识，不该给自己鼓一下掌吗？"

听了我这番话，学生们露出了喜悦的神情，并用力给自己鼓掌。

第二次掌声：给服从大局的自己

他们安静后，我顿顿神，笑着说："接下来，你们需要给自己鼓第二次掌。"

他们照做了，但是表情迷惑不解。

我说："在得知了小组分配后，不少同学都表示不理解、不情愿，有的同学甚至还反映要调组、换组。但我和他们沟通后，他们都表示不换组了，服从学校和班主任的安排，并愿意和新的同学们组成新团体，做出一次新的尝试。这种以集体为重，识大体，又敢于尝试的精神，难道不值得你们为自己鼓掌？"

他们笑了。

我继续夸赞他们："在一个集体中，需要有人做出退让，做出牺牲；而在一个国家里，也依然需要这种服从大局的人。退让并不是懦弱，乐于牺牲、敢于奉献的人，所展现的是更加宽广的胸怀，更令人尊敬。今天，我在你们身上看到了令我敬佩的行为。"

学生们彼此看了看对方，有些不好意思，但脸上都露出骄傲的神情。

第三次掌声：给珍惜时光的自己

我说："现在到时间，我们该登车了，现在你们该第三次鼓掌了。"

学生们兴奋了，每个人都欢欣雀跃，等着我说出缘由。

我说："这次秋游，也许是初三第一次也是唯一一次以教学班为单位进行活动，甚至也是你们初中生涯中最后一次秋游。大家在一起玩耍，合影留念，也许将来你们进入高中，会发现教学班的同学真的变成了自己的同班同学。我也叮嘱过你们，不要带作业和课本，学就踏踏实实学，玩就痛痛快快玩，珍惜当下的美好时光。因此，这次的秋游会是非常珍贵的时光，你们拥有了这难以忘怀的宝贵时光，难道不值得鼓掌吗？"

话音刚落，掌声雷动。我知道，他们是真心地为自己鼓掌。他们高高兴兴地去登车了。

第四次掌声：意外之喜

让我比较意外的是第四次鼓掌。因为班里人数缺得太多，原计划 10 人的团体只剩下了八九人。四个小组虽然都没有进入比赛的前 10 名，但是他们都非常努力！在所有同学的努力之下，班级团体总分获得了第四名，这真的是一次意外之喜。在返回的车上，我让他们再次为自己鼓掌。掌声过后，学生自发地分享起了这次秋游的感想。

小姝说："我收获了一个好朋友，她在我晕车的时候一直陪着我。"

小姝说完，和小晓相视而笑。

去水长城的路上一直颠簸，小姝由于身体原因晕车，还吐了。但让我非常感动的是，小晓和她坐在一起，帮忙用垃圾袋一直接着呕吐物，我看到小姝的呕吐物甚至溅到了小晓的手上，但她一直都说没事。说真的，本来因为小晓总是要换组，我对这个女孩有点气恼，但在那一刻，我觉得这个女孩真的像天使。

小蔡说："虽然我们在教学班的时间不长，但也看到了大家的可爱之处。这是一个新的集体，但又似曾相识。"

我老是忘记点人数，而小蔡就像个副班主任，总会主动把人数报给我；小麦也总会来帮我的忙，把人数数得清清楚楚；平时一语不发的小力，默默保管好班级横幅，一直装在书包里。

小存说："今天还是有点遗憾的，如果那几个同学来了，我们说不定能取得更好的名次。"

…………

我总结道："同学们，你们每一个人，都是今天秋游中的主角。在人数缺这么多的情况下，你们依然扛住了压力，抢先、争先；在没有特长生的情况下，每个人都贡献出自己的一分力量；在彼此不熟的情况下，你们用善良和爱心，收获了最珍贵的朋友。这才是一个优秀班级的最佳打开方式。"

学生们发出了热烈的欢呼声，我也加入其中，为学生们的成长欢呼。

没过多久，经历了一天疲倦的学生们，在返程的车上睡着了。

我们时常在德育中强调学生要有集体意识，要有集体荣誉感，但我们的教育有时却没有告诉学生如何拥有集体意识，如何获得集体荣誉感。苏联教育家马卡连柯指出，教育了集体，团结了集体以后，集体自身才能发出很大的教育力量。否则，不管怎样的劝说，也做不到一个真正组织起来的、自豪的集体所能做到的一切。我想，对于学生们而言，这次秋游中的几次掌声，成为增强教学班班级凝聚力的重要节点。 一个人是无法拥有掌声的，掌声只能在集体中获取。 在掌声中认同自我，在掌声中认可彼此，在掌声中认识集体，在掌声中收获成长，这就是这次秋游的重要意义。

平等对话，收获美好

周晓明

个头虽小，"杀伤力"却大

她个头小小的，长得很清秀，平常也总是很安静。不管是从上课听讲，还是作业的完成情况来看，她都不是一个让老师操心的学生。但我却没想到，这个瘦小的"安静女孩"，却惹了一堆的事，让我头疼不已。她和家里人吵架，在学校逗留到很晚不回家，我让她赶紧回家以免父母担心，她却冲着我嚷"不用你管"；她和其他班的一个男生谈恋爱，课上用手机偷偷和那个男生联系，周末出去玩，不学习，家长和老师不让他们来往，可她口头答应了，私底下却我行我素；我与她多次谈话，言辞恳切，苦口婆心，劳心劳力，却收效甚微。她的"杀伤力"让我深深地感受到了班主任工作的挫败感。

管　束

学期末，当我得知学生对我的班主任工作的评价后，我明白了自己为何没能处理好"安静女孩"的问题。我以为自己在认真且辛苦地付出，但学生们却并不认可我的工作。我在沮丧的同时，也对自己一学年的班主任工作进行了复盘。我反思自己的言行，发现自己其实主要在用各种规章制度约束学生，常常用发火解决问题，言必说"规定""处分"。 我以为这样就能管住学生，镇住学生，可是这样却在无形中拉远了我和学生的距离，他们怕我，畏我，并不认可我，更别谈支持我了。

在处理"安静女孩"的问题时，我也是如此。 她逗留在学校不回家，我没有了解具体原因，只是跟她说："静校时间已经到了，必须要离校。你这样让父母很担心也很难办。"我说完了，但得到的只是她含着泪冲我喊"不用你管"。 她偷偷谈恋爱，我上来就教训道："小小年纪谈恋爱，还课上用手机，你这是违反校规、校纪。"我训完了，但得到的是她的阳奉阴违……

我挥舞着"规章制度"这根棒子管理班级，根本就没有给学生说话的机会，我没有了解他们的想法，没有和学生进行沟通。 我深知自己需要调整工作方法和态度了。

从"管束"，到"对话"

新学期，在出现问题时，我不再着急地去训人，而是首先了解具体情况。 利用课间、午休或放学做值日的时间，我走到学生们当中，和他们一起说笑聊天。 改变无疑是有一些成效的，学生们和我亲近了很多，也愿意主动来找我聊天谈心事了。 我和学生之间的距离也在不断拉近，他们不再抵触我，由此，很多问题我处理起来也比较顺手了。

"安静女孩"仍在谈恋爱，特别影响学习成绩，家长也希望得到班主任的帮助。 我便利用期中考试结束后与学生谈心的机会，也和她单独聊了一下。 因为班级的师生氛围好了很多，她并没有抵触。 我从她的考试成绩谈起，让她分析自己考得并不好的原因。 她承认谈恋爱让她有些分心，在学习上安排的时间少了。 我并没有责怪她，而是和蔼地告诉她，这个年纪有喜欢的人和被别人喜欢是一件很幸福的事，不过因为年纪小，还不能理解什么是真正的爱情，可能错把友情当爱情了，而且不能影响了学生最应该做的事——学习。最后，我又提出，希望她可以专心学习，考出她的真实实力。听完我的一番话，她思考了一下，点了点头，说："老师，您放心吧。我会处理好的，期末考试一定能有进步。"我拍了拍她的肩，很满意这次谈话，认为这是一次成功的师生沟通。我既表示了理解，又没有生硬而命令式地要求她不谈恋爱，她还点头同意了我说的话。我想，期末应该能看到她的成绩取得进步。

从"对话"，到"平等对话"

可是，这种"对话"的喜悦感，我还没有沉醉多久，就被"安静女孩"破坏了。她和那位男孩分手了，迅速地和一位女孩成了密不可分的好朋友。她们无论什么事都要一起做，会在课上说话和传字条，一起迟到，一起不交作业。我再一次找她聊，她说："老师，我已经不谈恋爱了。我交个朋友也不行吗？"我跟她说："老师并没有不让你交朋友，但一起违反纪律能叫好朋友吗？"她辩解道："为什么这不能叫好朋友呢？我们有一样的兴趣爱好，我们以后还要一直在一起当好朋友呢。"我只好换种说法："可是你们这样会影响其他同学，也影响了自己的学习，没有好的成绩，你怎么能保证你们能在同一所高中，又在同一所大学？"她反问："老师，您怎么知道会影响？您又怎么能保证我们不会在同一所高中，在同一所大学呢？"没有办法，我最后很苍白地说了一句："老师希望你好好想想，要是继续违反纪律，就只能把你们的座位分得远远的了。"

我们的这次对话并不成功。我那么平心静气，没有一点儿训斥的口吻，好好地和她说话，还和她探讨什么是真正的好朋友，可是拗不过她的逻辑。后来因一个很偶然的机会，我终于知道我的问题在哪儿了。

有一次她又和父母吵架了，一直哭，还在外面闲逛，不回家，我找到她后先安抚她的情绪，然后趁机在送她回家的路上和她聊了很多。

我才知道，她和父母的关系一直很紧张，她觉得爸爸、妈妈不理解她，很少和她有情感交流，不听她的心声，总是逼着她做不喜欢的事。这时，我才真正理解她那些行为背后的原因，她谈恋爱也好，找一个形影不离的好朋友也罢，其实都是情感诉求在父母那里得不到回应的一种过度表现。她和父母的关系越紧张，就越希望找一个人填补自己内心的空缺。

所以，我以为自己做到的"平等对话"，其实也只是聊天而已。我并没有从学生的角度考虑问题，真正做到"平等"。我所有的谈话还是"教诲"，还是居高临下的"教育"或"宣讲"，只不过披着"和谐氛围"的外衣罢了。这样的做法让学生很难真正对我敞开心扉，我和学生之间也无法做到真正的沟通。

了解了"安静女孩"的情况后，我开始和她父母沟通，然后找她聊生活中和父母相处的事，和她讲自己中学时和母亲冷战一个月的经历……我们的谈话开始变得顺畅，她跟我说了很多，我也给她说了一些自己处理这方面问题的做法，加上她父母那边的改变和努力，"安静女孩"在处理朋友关系上有了很大进步，我不再为她上课的纪律问题担心，她的成绩也在进步。

这样看来，要做到"平等对话"，班主任不应居高临下地给学生做思想工作，让学生去贯彻老师的思想，而是要换位思考，在理解学生的基础上，尊重学生的个性特点，了解学生的情感需求，和他进行平等的交流，带着学习、探究的心态去倾听、交流。

从"管束"到"对话"，再到"平等对话"，我在和学生沟通交流的过程中，收获了美好的师生关系。学生正值青春期、叛逆期，在学习和人际关系处理上常常会出现很多问题，如果我们上来就批评、严厉管理，将所有问题都归到影响学习上，并以为这样就能解决问题，这其实就完全忽略了学生的心理和情感需求。

　　我们只有抛开那些存在脑子里的"教育词汇"，放下身段，在尊重学生的基础上，了解学生内心的真实想法，研究学生言行背后的真正原因，了解学生的心理，感受学生的情绪，理解学生的情感，这样才能解开学生的心结，更好地帮助他成长。

在社会大课堂熔铸情怀

张明瑶

在北京师大附中的校园里，365天都活跃着积极为老师、同学服务的学生，他们默默地用自己的微笑和双手温暖百年校园，他们辛勤地奔走于社区、义工站点服务社会。他们总是在用自己的行动宣扬乐于奉献、助人为乐的"雷锋精神"，他们更希望用行动告诉更多的人，志愿服务人人可为、处处可为、时时可为。向雷锋同志学习，不应只在每年的3月5日，而应该发生于时时刻刻、年年岁岁。

我们都是他们的"守护天使"

老师，我今天太难过了。我在眼科服务，有一个孩子被诊断失明了，看着妈妈抱着孩子痛哭，我真的好想为她做些什么。可是我什么都做不了。

老师，我突然觉得我妈天天对我唠唠叨叨，也没那么讨厌了，我小时候生病时，她也一定像这里的父母一样那么焦急。

老师，医生太不容易了，一上午，别说上洗手间了，连喝水的时间都没有。就这样，还有患者坐在门口大喊大叫，嫌弃为什么让她的孩子等了这么久。

·············

北京的大型医院常年人满为患，医护人员长期处于高强度的工作状态，特别是像北京儿童医院这样闻名全国的三级甲等医院，这个问题尤为突出。学校团委进行了走访和调研，发现医院里一些对专业技术要求不高的岗位，短期培训后即可满足上岗要求，非常适合高中学生进行志愿活动。校团委的这一想法得到了学校领导的大力支持，我们在与北京儿童医院相关部门联系后，于2015年正式开展"守护天使——北京儿童医院寒、暑假志愿服务"。这一活动主要在每年的寒、暑假期间开展。学生志愿者们每天要工作5个小时，每期持续7天或14天。一天的忙碌工作结束后，大家都觉得口干舌燥、疲惫不堪。但是医院里每天发生在他们身边的故事，也给志愿者们带来了感动和成长。

自2015年以来，我校"守护天使——北京儿童医院寒、暑假志愿服务"活动规模不断扩大，充分说明了学校和医院对本项志愿活动的高度认可和大力支持。从这几年的实践成果来看，这项志愿活动不仅让患者和家属体会到了温暖与关怀，同时也给学生带来了感动与成长，对于学生、学校、医院甚至是整个社会，都具有积极意义。

第一，学生志愿者聪敏好学、耐心细致，一定程度上缓解了医院在就诊高峰时的人手紧张问题，减轻了患者及家属们的急躁情绪，有利于保持正常的就诊秩序。第二，我校大力提倡"全人格、高素质"的教育理念，志愿服务就是学生们最好的社会实践活动，它能够促进学生多方面、全方位的积极发展；学生们在志愿活动中得到了医院、患者及其家属们的广泛好评，这是对学校教育成果最大的认可。第三，现在的高中学生独生子女较多，学习任务繁重。在这项活动里，不仅要接触形形色色的患者及家属，而且非常辛苦忙碌，能够帮助象牙塔中的学子们更早地接触和了解社会，理解父母工作的艰辛、养育子女的不易；学生志愿者通过帮助他人、奉献爱心，为建设和谐社会贡献自己的力量，也能够净化心灵，加强责任感、使命感，有利于他们自身的成长和提高。第四，志愿服务能够合理地调配社会人力资源，这不仅能够让患者有效地缩短就诊时间，而且能够通过爱心、奉献来传递温暖和友爱，最终会让这一点一滴的"爱"汇聚成强大的暖流，为建立和谐社会贡献更多的正能量。

志愿服务作为学校实践育人的主要途径，让我们看到了学生一点一滴的变化。志愿服务开展期间，每一天我都会收到学生这样、那样的感慨，我看着他们从一开始的抱怨早起，抱怨辛苦，抱怨站得太久，抱怨为什么那些家长总是那么着急，到在志愿服务的过程中，体会到了医生职业的艰辛和崇高，发现了父爱、母爱的无私和伟大，看到了生命的脆弱和珍贵，意识到了作为新时代的青年，自己应该成为一个什么样的人，怎样成为一个能担起家庭责任的人，如何成为一个对社会或他人有价值的人。

朱颜遇白首，"小老师"与"大学生"

"月亮在白莲花般的云朵里穿行，晚风吹来一阵阵快乐的歌声。我们坐在高高的谷堆旁边，听妈妈讲那过去的事情……"总有这样一首歌，可以穿越时空，将你我拉回到妈妈的怀抱。当我们在敬老院为爷爷、奶奶唱起这首歌时，引得一位老奶奶掩面而泣，这也许就是歌声的力量。

数据显示，目前我国有将近2.5亿的老年人，而60岁以上的老人使用智能手机的比例仅有32%，也就是说10个老人中有将近7个老人没有使用智能手机。被互联网遗忘的老人们，不应该被任何一个时代抛下。信息时代下，他们不应该被忘记。

银鹤苑养老驿站与我校同属于大栅栏社区，该机构属于"暖心工程——中华敬老暖心服务站"，是在社会爱心企业支持下开展的创新社区居家养老服务站。每个周日的上午，我校的一群志愿者学生会以"小老师"的身份走进这里，为他们的"大学生"讲授如何使用智能手机。

为减少老年人与现代社会的隔阂，使其享受到科技带来的方便，切实地辐射社区居民，实现和谐社会，自 2019 年 3 月以来，我校与银鹤苑养老驿站携手，开创了新型的助老方式——根据老年人实际需求，解决他们的实际问题。以"教老年人如何使用智能手机"为抓手，开展关心老年人、增强老年人的幸福感与获得感的志愿服务活动。我校每学期开展 10 次活动，每次有 15 名志愿者进行服务。自活动开展以来，累计 300 余人次参加志愿服务，服务对象为 350 人左右。

每一次的志愿活动，学生们都精心准备，认真讲解，耐心解答；老人们仔细聆听，专心笔记，反复询问。除此之外，在交流的过程中，学生还了解了老人们的人生，以及他们的处世之道。学生更加地尊敬身边的老人，也回家多陪陪爷爷奶奶，减少了代沟。很多同学还加了他们的微信，方便之后有问题线上交流。鹤发童颜手拉手，信息科技心相近。一位老人给学生写道：又是一学期，各位在努力，学得怎么样，考试考验你。预祝同学们，获得好成绩，以后有机会，再教学手机。

尊老，是中华民族的优良传统。早在两千多年前，孟子就曾提出，老吾老以及人之老。"尊老"是中华民族世世代代的劳动人民立身处世的大德，相沿成习。如何让我们年轻的孩子，用他们的实际行动践行我们中华民族优秀的传统美德是我们这项志愿活动设计的初衷。互联网时代，人们获取知识的渠道与方式较之过往都要变得丰富许多。同样地，若能获得足够多的支持和帮助，老年群体也可以很好地适应互联网时代的节奏，而不是在角落里被遗忘。他们虽然老了，但是从未停下学习，作为晚辈，学子们为他们提供指导，陪伴他们成长。没有人能够永远年轻，但永远有人年轻。每个人都会变老，而变老的人们，不应该被任何一个时代所遗忘，他们可以继续以他们的步调，追上这个时代，拥有专属于他们的充实与精彩。让老人们跟上时代步伐，共享科技便利，更好地融入互联网时代，享受科技新生活。尊老、敬老，我们让学生在实践中找到了传承中华民族优秀传统文化的钥匙。

用记录见证成长

——综合素质评价育人新思路

易显林

"综评焦虑症"

"老师，综合素质评价（以下简称"综评"）怎么填啊？""综评都写些什么啊？""老师，这样写行吗？ 能得高分吗？"接手高中综合素质评价平台（以下简称"平台"）的管理以来，我常常被学生、家长的一些问题弄得哭笑不得。

因为在学生高考中发挥"参考"作用，综评让很多学生、家长感到焦虑。 他们既需要填写记录以备未来高考之用，却又不知道该怎么填写记录，填写的内容往往过于简略，可读性差。 事实上，综评的目的是以评育人，如何处理好高考选拔与育人的关系，弱化学生填写的功利心理，降低学生的焦虑情绪，让学生学会自主填写记录并在多样的活动中发现自己并有选择地发展自己的兴趣特长，才是学校综评的根本立足点。

通过查阅学生在平台中发布的综评，我发现，其实部分综评写得非常好。 比如，学生记录自己的学习方法与学习反思、展示丰富的课余生活、积极应对生活中遇到的挫折与困难等，还有很多感人的故事。 何不将这些优秀内容作为示例展示出来，这样既解答了家长、学生"怎么填"的疑问，又可以实现学生自我教育、榜样带动的作用，一举两得！

有了这个想法，我心中豁然开朗！于是，一本本洋溢着青春气息、图文并茂的《青春记录——综合素质评价优秀记录选刊》（以下简称《青春记录》）诞生啦！

《青春记录》——榜样的力量

"给我看看，给我看看！""哇，太厉害啦！""哇，想不到！原来综评还可以这样写！"

2019 年 12 月，我们挑选了 2019—2020 学年秋季学期的优秀综评记录，制作刊发了《青春记录》。《青春记录》中有学生们参加各类社会公益活动和志愿活动的感受。有的同学参加为中老年人染发的社区志愿服务后写道："看到一些叔叔、阿姨从有些许白发变成一头乌发，我很高兴，希望自己以后能多参与这种活动。"有观看优秀的影视作品、阅读优秀图书的感受，有的同学在观影《中国机长》后写道："他们和你我一样，都是普通人，却能以肉体凡胎创造奇迹、拯救生命，我们在学习生活中，面对困难与挫折也应勇敢应对，永不言败。"有的同学写了学习的阶段性总结与反思："后半学期要调整心态，认真对待每一门课程，做好笔记、多思考多读书，更扎实地掌握知识点，提高基础分析能力。"还有的同学进行了艺术作品展示，写下了参加社团活动、参观学习、生产劳动、游学及实践课程等活动的过程与感受。

《青春记录》的发放对学生填写综评起到了很好的激励作用，同学们纷纷反馈它既让他们知道了综评该如何填写，也推动着他们去丰富自己的课余生活。很多同学开始尝试一些以前想做却一直没做的事情，运动健身、学习计划、读书笔记、生活随笔等内容越来越多。学生记录的质量有了很大改善，记录的完整性、可读性都有很大提高，从字里行间，我们可以感受到同学们对学习的热情和对生活的热爱。正如一位高三的学生在平台上写的："为了让平台上有更多可以填写的内容，尤其是关于实践方面的，以前可能我想做的事情，由于时间问题没有真正去做，但平台却促使我要去做——像在家做家务，自己动手做自己的事，去博物馆做志愿者等。"《青春记录》很好地实现了学生的同伴教育，让学生更有动力去参与各类实践活动，丰富自己的学习与课余生活。

云端传递正能量

2020年年初，新冠疫情来袭，师生们开启了居家学习生活模式。不能见面的日子，你可安好？小伙伴们在做些什么？

有同学的父母都是首都医疗卫生战线的一员，"爸爸又要离开我整整一个月的时间，去为一线奋斗的叔叔阿姨提供服务……医者仁心，这背后是从医者比天大的责任与担当"。有同学将自己的800元奖学金捐到中国红十字会，用于支持疫情防控。还有同学拿出自己积攒多年的压岁钱，让母亲兑换成口罩捐献到浙江的医院……

作为综评管理员，我从平台读到了学生们写的故事，内心涌动着一股暖流。我由衷地为同学们点赞！由于不能见面，我们的《青春记录》也只能暂停了。能不能在线上延续我们的陪伴呢？虽然不能见面，但我们在云端还可以彼此温暖、彼此鼓励！

于是，我们很快在微信公众号上推出了"疫情之下的附中学子"系列更文。

"感动感悟篇"记录学生们对疫情暴发的感想，抒发了他们对医生的敬意，反思了疫情下每个人的责任和义务。"'白衣天使'逆向冲向疫区，我心里由衷地敬佩，期盼这些'白衣战士'能平安归来！""这突来的灾难更加深了我对学医的信念，我要学医，我要去医治渴望生命的人，我要帮助那些有病痛的人！"有同学对疫情进行了反思："希望这次疫情之后，能够杜绝吃野生动物的陋习，加强对野生动物及其生存环境的保护，建立起人与野生动物之间的健康、良性的可以长期持续的共存关系。"

"生活篇"展示了学生们在疫情居家期间如何进行日常锻炼，有同学写道："不能外出运动的时间里，我将餐桌变成简易的乒乓球桌，和家人打球，锻炼身体的同时更感受到亲情。"同学们积极参与家务劳动，洗碗、做卫生，有的同学在疫情期间学会了做饭；也有的同学在疫情期间与社区工作人员一起在园区进行安全巡逻。不少同学纷纷拿出了自己积蓄，为疫区、社区捐资捐物。正如一位同学写的："大家齐心，病魔一定会很快被驱散，一切都会回到从前，希望这一天早日到来！"

文章为那些在疫情期间茫然无措的学生提供了范例，迎来了点赞无数，有同学写道："没有一个冬天不可逾越，没有一个春天不会到来，待到春光烂漫时，我们一定会重逢在美丽的校园。"优秀综评的推送，让同学们在看到其他同学的居家学习生活的同时，很好地缓解了他们的不安情绪，并学会在假期期间更加合理地安排学习和生活。

"自主学习篇"展示了在等待开学的日子里学生们的学习安排。有的同学在看完生涯教育处推送的如何制订计划的链接后，决定制订适合自己的计划。有的同学制订了学习计划，并在计划实施过程中去反思、去完善计划。还有的同学利用手机 App 制订并监督学习计划的执行。这些内容对学生们的居家学习起到非常好的指导作用。有同学说："一些同学的作息计划与 App 建议分享让我意识到了作息上的问题，使我更加明白合理作息的重要性，也让我有了很大的反思，自己在哪里做得不好，在哪里做得不够。看了这么多同学的分享，我对延期开学期间的学习有了更大的动力，并将以积极饱满的态度迎接新的学期。"

《青春记录》和微信公众号上的优秀综评展示，很好地促进了学生的综评填写，渐渐地，学生们不再功利性地将升学参考作为主要目的，而是更加注重参与各类事件活动的过程与感悟。 就像 2020 届的一位毕业生在综评中所写："只要我有值得记住的东西，我都会写一点到平台上……每当打开平台时，高中三年的记忆仿佛历历在目……感谢平台，让我学着去做，并让我不断成长。"

每个人都有属于自己的青春，只有经历了青春的酸甜苦辣，才能成长为一个更优秀的人。 在平台上，学生们的每一次活动感悟、成功喜悦、失败反思都是他们成长的印记，综评是学生记录自己美好青春的载体。 让综评成为学生培养良好习惯，积极参与实践活动的推手，让他们在记录中反思，在记录中成长，为未来发展提供助力。

成长背后的接纳与爱

——一位体育老师当班主任的成长历程

王 静

2016 年 9 月，在家长"我儿子的班级凭什么让一个教体育的来当班主任"的质疑声中，我忐忑地开始了班主任担当之路。 当时的我因这一句话彻夜难眠。 我意识到学科偏见会带来强烈的不信任，但这也坚定了我要做好这件事的决心。

三年的成长，有辛酸也有幸福，有劳累也有收获，有委屈也有感动。 "教育之没有情感，没有爱，如同池塘没有水一样。 没有水，就不成其池塘，没有爱就没有教育。"这是《爱的教育》中的一句话。 作为首次承担班主任工作的体育老师，我相信，"接纳与爱"是教育的前提，"接纳"是一双相执的手和一颗理解的心，"爱"是教育的最高境界。

"接纳所有的孩子"是成长的第一步

自开学第一天起，我便早早到教室用微笑等待孩子们到来，因为我相信每一声问候都会拉近师生之间的关系，并潜移默化地影响着孩子们做一个热情的人。 我下午会在目送孩子们离开后，把教室打扫一遍再回家，从未间断过。 陪伴是最长情的告白，从一早一晚开始，但并非一切顺利，问题接踵而来。

　　"学习困难"是我和部分学生不得不面对的难题，面对一张张三五十分的试卷，我心急如焚，也严厉地天天监督他们上交每一科作业，但半个学期过去了，看着依然三五十分，甚至个位数的卷子，我这个有着浑身力气的体育老师瞬间泄了气。那一刻，我觉得他们学不会了，开始灰心了，但为了证明体育老师也能做好班主任，我决定和孩子们一起学习。

　　通过求助学校的心理老师，我了解到：来自不同家庭、有着不同成长经历的孩子在行为习惯、自我意识、学习能力等方面都存在很大差异，需要老师帮他建立从小学生过渡为初中生的意识，形成良好的行为规范和自主学习习惯。另外，我要接纳他们现在已经很糟糕的学习成绩并以此为起点，帮助他们建立新的、可实现的学习目标。

　　为了重拾孩子们的学习信心，我决定从他们能做到的挑战开始。在征得学生家长的同意后，我利用每天放学后的 30 分钟进行古诗词的背诵比赛，只要赢过我的孩子就可以得到奖励。我经常会"输"给孩子们，在奖励和看得见的成就面前，很多孩子对学习的热情慢慢高涨起来。

　　背诵是一个良好的开端，接下来，我又组织了属于我们班的"朗读者"活动。每周一早读，一名同学为大家朗读我俩共同挑选的文章，然后每个人都要发表对文章的看法和感受，哪怕只说一句简单的话，我也会把发言整理好，以图文并茂的形式在班会上展示给孩子们。后来，我陆续为他们买了《朝花夕拾》《简·爱》《爱的教育》等课外读物，日积月累，孩子们的写作从最开始的二三百字，逐渐增加到五六百字，最让人欣慰的是到了初三的考试，这些学习有困难的孩子没有一个孩子的作文纸是空着的，所有的孩子都能按照规定的字数要求写满。三年下来，孩子们的语言和表达虽不算精彩，但早已不再干涩，我知道他们的成绩依然不够理想，但他们收获了巨大进步。

初一养成规则意识，初二提升能力，初三考试冲刺

有些孩子在学习和行为举止上和其他孩子有差异的原因，更多在于思想意识和自主能力。所以在日常的生活和学习中给他们灌输一些正能量的思想，培养他们的自主能力要比单纯地提高他们的学习成绩重要得多。

初一的孩子对于"规则"没有具体概念，想要用文字和说教让他们养成规则意识是很困难的。"榜样"的力量尤为重要，所以，我在日常的学习和生活中格外注意他们的言行举止，及时发现孩子们的闪光点，然后第一时间告诉他们这样做是对的，如果那样做会更好等，每天都需要重复，重复，再重复，所谓"细水长流，则能穿石"，三年的坚持让孩子们的言行举止虽未出类拔萃，但早已不再是刚入校时的形神涣散。

初二，我除了把初一的"朗读者""诗词比赛"特色活动继续坚持，还把班会时间一分为二，一半用来完成学校的任务和班级建设，另一半时间留给他们以小组为单位开展班会。孩子们准备班会时查阅资料、小组讨论、发言等都是提升能力的机会。我的坚持让孩子们的能力日就月将。

初三学生的两极分化严重，有一部分孩子对于考高中把握不是很大，我认为，对于中考后分数达不到高中录取的孩子要付出更多的关心和精力。我先鼓励孩子不要轻易放弃，尽自己最大的努力学习，结合初中三年以及一、二模成绩对孩子的成绩进行全面的评估，结合孩子的意愿和家长的想法给孩子们找最适合他们的出路，争取孩子们都有好的前途和未来。有明确目标的孩子根据他们的特点和对未来的发展要求，跟任课老师沟通制定适合这一类孩子的培养目标，有针对性地进行辅导和个性化辅导。

初三，我会定期开展主题班会。"初三，你准备好了吗"让孩子们明确初三意味着什么，如何面对身体和心理上的变化，在制定通过自己的努力可实现的小目标的基础上制定长期目标。期中考试后召开"想、行动、

成功"的主题班会，结合期中考试情况总结前半学期的得失和自己的努力程度，及时调整自己的心态，找准自己的定位，制订适合自己的学习计划和为期末考试做准备。 初三第二学期，我会在开学便召开"面对中考，路在脚下"的班会，让孩子们寒假归来及时收心，以崭新的姿态向中考发起冲击；"调整状态，树立信心"以台湾省 24 小时马拉松比赛的故事引入，让孩子们明白所有的成功都是在快要坚持不住的时候咬牙坚持下来的，自己的力量超乎自己的想象，调整好心态、树立信心再出发；"永不放弃"主题班会，我会从"死亡爬行"的片段引入，让学生坚定信心，不轻言放弃，为了自己的目标拼搏。

因为爱，我们走近彼此

班里有个女孩 W，言语和行为上经常失控，课堂上可能会骂脏话、吐口水、大哭大闹等。 通过和家长沟通，我了解到她在小学时长期受到调皮男生的欺负，这让 W 极度缺乏安全感。

为了保护 W，也引导其他孩子看到差异的存在，我设计了一节"如果我是你"的主题班会，让孩子们学会站在他人的角度看问题，学会理解别人的感受。 此后只要我见到这个女孩，我都走到她身边拥抱她，并且对她说："我很喜欢你。"在我的带动下，班里的女孩们会主动牵她的手和拥抱她，男孩们也经常对她说一些鼓励的话。

W 每个月的生理期是我最担心她的时候。 开学没几天我发现她的裤子和座椅被弄脏。 为了不让 W 和其他孩子尴尬，我让男孩子们去操场打球，帮她把座椅收拾干净，然后给她换上我的干净衣裤。 此后，我默默记住她的生理期，快到的那几天提前给她的家长发信息提醒带备用衣服，甚至每个课间都带她去卫生间教她处理，慢慢地，其他女孩也默默地参与到帮助 W 的行列。 爱，是可以相互感染的！

　　班里还有一个特别内向的女孩 X，我发现她经常放学后一个人在食堂坐到天黑也不回家，上课总睡觉，很没有精神。 我和家长沟通得知，她是在单亲家庭长大，妈妈每天工作都很忙，经常晚上 10 点多才回家，根本顾不上孩子。 从此，放学后我先给她解决晚饭问题，偶尔打包一份让她带给妈妈，然后陪她在教室写作业等着妈妈下班一起回家。 X 的妈妈见到我，握着我的手激动落泪。

　　我对孩子们的真心付出收获了孩子们的真心回馈，"闺女"们愿意围着我"叽叽喳喳"，"儿子"们也愿意和我"勾肩搭背"……慢慢地我得到了家长的认可，家长的态度也渐渐从质疑，转变为对我的信任和肯定。

　　回首三年往事历历在目。 我知道，是"接纳"让我改变了孩子们，也改变了我自己；是"爱"拉近了我和孩子们、家长们的距离。 我坚信"接纳与爱"可以化作一双温暖的手，抚去一切的困难和阴霾。

赋予学子心灵成长的力量

学校要为活生生的人服务

——谈谈爱因斯坦的教育观与全人格教育

梁原草

　　爱因斯坦是一位伟大的科学家，又是一位富有哲学探索精神的杰出的思想家。关于教育问题，他发表过不少独特的精辟见解，在今天仍具有极强的借鉴意义，甚至是警示意味。他的教育观主要见于《爱因斯坦文集》第三卷（商务印书馆 1979 年版）。其中，比较全面集中阐述其教育思想的，是他 1936 年 10 月 15 日在纽约州立大学举行的"美国高等教育三百周年纪念会"上的讲话《培养独立工作和独立思考的人》（此讲话稿收录于《爱因斯坦文集》第三卷中时，题目为《论教育》）。全人格教育是 20 世纪 20 年代初开始在我国流行的教育思想，主要代表人物有蔡元培、林砺儒等。林砺儒在就任北京师大附中校长的演说《我的中等教育见解》中明确提出，理想的中等教育是全人格的教育。为了阐述这一思想，林砺儒分析了两种学校系统的观点：一种是把中等教育看作手段，中等教育是为大学做专门的准备，他称之为教育之建筑观；另一种认为教育是促进儿童身心发展的，这种观点认为中等教育是最适合于少年生活的教育，其自身就是目的。称之为教育的成长观。① 下面我将具体谈谈几个与爱因斯坦的教育观和全人格教育相关的问题。

---

① 林砺儒：《我的中等教育见解》，载《教育》，2009(28)。

学校的教育目标应当是什么？

有人简单地把学校看成一种工具，靠它来传授知识和技能的观点，爱因斯坦明确表示这是不正确的。他认为，知识是死的，而学校却要为活人服务。什么叫为活人服务？就是培养能独立行动和独立思考的个人。如果人的个性被消灭，就会变成一只蜜蜂或者蚂蚁，仅仅是社会的一种工具。而一个由没有个人独创性和个人志愿的，由规格统一的个人所组成的社会，将是一个没有发展可能的不幸的社会。同时，爱因斯坦强调，学校培养出的有独立行动和独立思考的个人，要把为社会服务看作人生的最高目标。① 因而，学校应当发展青年人中那些有利于公共福利的品质和才能。20世纪二三十年代，我国以林砺儒为代表的教育家倡导并实施全人格教育，他们认为，一个完整的人格，必须含有动物的、人类的、公民的、职业的四种资格，教育就是要培养青少年完整、健全、优秀的人格。这种理念，与爱因斯坦强调的独立性格、独立思考与为社会服务相统一的教育目标，在内涵上是高度一致的。爱因斯坦、林砺儒等人关于教育目标的见解，对于我们今天坚持教育为社会主义现代化建设服务、为人民服务，坚持立德树人，培养德智体美劳全面发展的社会主义建设者和接班人，具有重要的启发。

我们怎样达到理想的育人目标？

在实现目标的方法上，爱因斯坦明确反对空洞的道德说教，强调实际行动。他指出，言词是并且永远是那么空洞乏力，而且通向"地狱"的道路总是伴随着理想的空谈。但是人格绝不是靠所听到的和所说出的言语，而是靠劳动和行动来形成的。② 因此，最重要的教育方法是鼓励学生去实际行动。对于教师而言，唯一合理的教学方法是做出榜样。"劳动和行

---

① ［美］爱因斯坦：《学校要培养独立工作和独立思考的人》，载《基础教育课程》，2013（5）。

② ［美］爱因斯坦：《爱因斯坦文集》第三卷，143页，北京，商务印书馆，1979。

动"，阐明了教育的实践性特点。全人格教育的倡导者林砺儒也认为，全人格的教育，是使学生活用其人格的活动力，来实地经验各种高尚有价值的生活。① 只用书本的教育是死教育，而缺乏实践和缺少体验恰恰是学校教育先天的弱点，是当前学生成长过程中存在的突出问题。所以，爱因斯坦的见解于今天有极强的针对性。坚持教育的实践性，一是坚持用事实说话，二是坚持让学生在活动中体验。前者是引导学生了解他人的实践，包括了国家的实践，后者是引导学生亲身实践。脱离事实地说理，只能沦为空洞的说教，这是今天的教育工作者需要特别警惕的。

学生取得成绩的动机和动力有哪些？

爱因斯坦提到了三种取得成绩的动机：第一种是恐怖和强制，第二种是追求威信和荣誉的好胜心，第三种是对于对象的诚挚兴趣和追求真理与理解的愿望，也就是求知的好奇心。他对这三种动机做了具体的分析。

第一种是学校靠恐怖和强制得来好成绩。爱因斯坦认为，最坏的事不过如此。靠人为的权威来进行工作，这种做法摧残学生健康的感情、诚实和自信，它制造出来的是顺从的人。

第二种动机是好胜心，爱因斯坦认为它根深蒂固地存在于人的本性中，既具有建设性力量，又具有破坏性力量。想得到赞许和表扬，本是一种健康的动机；但如果要求别人承认自己比同伴更高明、更强或更有才智，那就容易在心理上产生唯我独尊的态度，这无论对个人和对社会都是有害的。因此，学校和教师必须防范使用容易产生个人野心的简单办法去引导学生从事辛勤的工作。他还反对将达尔文的生存竞争理论引入社会生活领域，提出应当防止向青年人鼓吹那种以世俗意义上的成功作为人生目标的做法。他表示，看一个人的价值，应当看他贡献什么，而不应当看他取得什么。以这样的标准揆诸当今的教育现实，仍感到振聋发聩。

---

① 林砺儒：《我的中等教育见解》，载《教育》，2009(28)。

第三种动机是因兴趣、乐趣而得到的求知的好奇心。爱因斯坦认为这是一种创造性的心理能力,启发这种能力,是学校最重要的任务。如果学校从这样的观点出发开展工作,就会受到成长中的一代的高度尊敬,学校所规定的作业就会被当作一种礼物来领受。我知道有些学生就对学习比对假期还要喜爱。这和林砺儒提出的,尤要紧的是发挥天真烂漫,为趣味而活动之少年精神,以及顾明远先生提出的,没有兴趣就没有学习的观点,真是契合得天衣无缝,对于引导学校教育尊重兴趣、呵护个性、摒弃功利性诱导、培育崇高理想信念,具有极大的现实意义。

我们应以什么样的内容教导学生?

我们应以文科专业教育为主,还是以理科专业教育为主教导学生?爱因斯坦认为这不重要。他提出,如果青年人通过体操和走路训练了他的肌肉和体力的耐劳性,以后他就会适合任何体力劳动。思想的训练以及智力和手艺方面的技能训练也类似这样。对于训练内容问题,爱因斯坦引用"有个才子"的话,对教育下了一个我们耳熟能详的定义:如果一个人忘掉了他在学校里所学到的每一样东西,那么留下来的就是教育。我想,新高考采取打破文理界限的选考模式的做法,吻合这一思想。

我们是否必须直接教授以后生活中可直接用到的专业知识和技能?

爱因斯坦的答案是不必。如果把学生当"活人"对待,就不要采取这样的专门训练。因为学校的目标始终应当是:青年人在离开学校时,是作为一个和谐的人,而不是一个专门家。他认为即使对于技术学校来说,这也是正确的:如果一个人掌握了他的科学的基础理论,并且学会了独立思考和工作,他必定会找到他自己的道路,而且比起那种主要以获得细节知识为其培训内容的人来,他一定会更好地适应进步和变化。这一观点与林砺儒又不谋而合。林砺儒在《我的中等教育见解》一文中指出:"少年身心之发育甚盛,人格活动之范围日加扩张,几乎对于人类所有之经验都要发生趣味,所以中等教育的任务就是引导少年人格之放射线到各方面去。

例如文学的陶冶，并非要把少年立刻造成一位名家，也不是准备将来卖文讨饭，乃是要引导他的人格的活力往文学方面去。 科学的陶冶也不是要养成科学家或准备做农工，乃是要引导他的人格往科学方面去。 艺术的陶冶也是一样的理由。 所以我认定理想的中等教育，是全人格的教育，绝非何种职业之准备。 要全人格的陶冶受得圆满，那么将来个性的分化才算是自然的。"[1]尤其他的这段话，几乎是爱因斯坦教育观的另一种表达："若有人问我中学毕业生做什么，我就说也不为士，也不为农，也不为工，也不为商，是为人；也可为士，也可为农，也可为工，也可为商；而且为士而士，为农而农，为工而工，为商而商，若不认定全人格的陶冶，而老早赶紧把未熟的少年铸入于一定职业之型，以充社会之工具，做吃饭的机器，是误认社会为目的，人格为手段，且误会人生目的就是吃饭。 这种短视的教育主张，我老实不赞成。"[2]我认为，爱因斯坦和林砺儒的这一见解，对于当下在各中学普遍推行的生涯教育，具有重要的参考借鉴价值。

---

[1][2]　林砺儒：《我的中等教育见解》，载《教育》，2009(28)。

云端的陪伴与守候

——巧用线上模式护航心理健康

王晓菁

2020 年春节前，随着新冠疫情的发展，疫情防护工作逐渐升级，作为心理老师的我一直在关注疫情下心理防护相关的资料和信息。我曾经有过一段重症急性呼吸综合征（SARS）以及"5·12"汶川地震灾后心理救援的经历，因而我很早就意识到除了医学防护之外，我们还需要关注学生们的心理健康，为居家抗疫的师生家长们做一些指导。

可是，见不到学生，也无法利用课堂方式和学生们保持沟通，我们还可以做些什么呢？我首先想到的便是已经用了一段时间的北京师大附中学生发展指导微信公众号。在人人都有手机，习惯于用手机来获取信息的时代，公众号推文是一个受众广、普及程度高并且非常便捷的在线教育方式。由此，北京师大附中心理健康团队线上模式护航心理健康的工作从大年初二拉开了帷幕。当然，随着工作的推进，我们也逐渐意识到只靠微信公众号的宣传是有局限的，陆续又增加了电子杂志、腾讯会议一对一辅导等方式。

随后的大半年时间里，从超长寒假到居家学习，再到短暂的复学及再次居家学习和暑假，北京师大附中心理团队一直在云端陪伴和守候全校师生和家长们的心理健康，用各种线上模式为师生们的心理健康保驾护航。

微信公众号——我们最广阔的阵地

年初二当天晚上，第一篇微信公众号文章就确定了基本结构与框架。考虑到当时疫情发展的不确定性以及由此可能导致的情绪问题，我们确定了文章主题聚焦于稳定情绪、自我管理和责任担当三个部分。推文由一位老师主笔完成初步撰写，然后团队老师们在工作群里发挥各自的优势，群策群力，从文章框架、科学性、文字细节到每一幅图片，经过反复的讨论、修改和确认。2020 年 1 月 27 日下午，第一篇推文《疫情之下，我们可以做什么？》终于发布了。

虽然过程很辛苦，但让我们开心的是，由于准备工作做得很充分，第一篇文章的阅读点击量达到了 5000 多次，远远超出我们的预计，让我们更加坚定了要把这件事情好好做下去的决心。后来，我们又收到了班主任们传来的消息，居家生活的"神兽"们和家长们之间的矛盾不少，很多是家长们的教育方式不当导致的，希望我们推出一篇给家长的指导。第二篇推文的主题也很快确定了——《疫情之下，家长可以做什么？》。随着疫情的发展和政策的变动，我们随时收集年级组和班主任的反馈和需求，不断"定制"应对学生、家长和教师需求的推文，推出了包括《延长假期，做个超越计划吧》《家有青春期困兽，附中老师给您支支招》《阻力 or 助力？也谈手机管理》《让居家工作更幸福——送给老师"心"礼物》等多篇服务于学生、家长和教师心理健康的文章。后期还增加了公众号中的互动性内容，如《5·25 云上心理健康节》用线上征集学生感言，线上组织"发现身边小美好""最打动我的一句话"等活动与学生互动。但是，随着各类微信公众号都在推出类似的文章，微信公众号的点击量越来越低了，甚至连我们自己都不太有兴趣点击阅读心理防护相关的文章，大家对这种形式产生了疲倦感。我们需要做一些更加新颖和吸引人的工作，我们想到了电子杂志。

电子杂志——让我们另辟蹊径

2020 年 2 月下旬,疫情仍旧非常严重,作为 SARS 的亲历者,成年人在面对新冠疫情时不自觉就会想到当年的 SARS,但我们的学生,即便是高三的学生,因为出生在 SARS 发生的那一年,他们对 SARS 完全没有印象。我们想到也许可以从家长、老师以及当年参加高考的学生中征集 17 年前每个人亲历 SARS 时自己身上发生的故事,当年自己是怎样的经历,怎样的感受,做了哪些让自己印象深刻的事,回望当年的自己和国家有什么样的感悟……这些真实的故事一定可以给现在的学生许多感悟与启发。我们把电子杂志的名字定为《共同的坚守——SARS 亲历者说》,在邀请发出去之后,短短几天就收到了上百份稿件,他们中有医生、教师、刑警、军人、记者、公司职员、工程师、在校学生……一段段平实真诚的讲述让人动容。没有华丽的辞藻,没有任何想要教育谁的意图,这一个个真实的故事,深深地打动着每一位阅读者。

电子杂志发布之后,受到了来自家长、学生和老师们的一致肯定,学生们在看完第一期之后,纷纷表示自己希望像故事中的主人公一样相信国家和政府,安心做好自己的事,并表示非常期待电子杂志继续发布。

《共同的坚守——SARS 亲历者说》总共发布了 4 期,我们真切地体会到了真实的故事是最打动人的,也最具有教育价值,也看到了家长们对学校教育工作热情的支持。

线上心理辅导——一对一的守护

随着居家学习时间越来越长,我们开始越来越多地接到班主任转来的求助信息,某同学和家长闹矛盾了,家长束手无策想要找心理老师谈一谈;某同学情绪不佳,心情低落,想要找心理老师做心理辅导……疫情不允许我们直接和孩子见面，为了满足学生和家长的需求，我们开通了疫情期间的线上心理辅导。

线上心理辅导采用微信语音或腾讯会议的形式进行。对于主动想要进行心理辅导的学生，我们会根据学生的需求设定好辅导时间，通过微信语音或者腾讯会议与主动求助于我们的学生沟通，进行情况评估与心理辅导。如果学生不存在危机状况，所有的线上辅导都遵循保密原则。如果评估情况比较复杂的，在征得学生的同意后，我们还会进一步和家长进行沟通。如果是更严重的危机状况，我们也会在告知学生后突破心理辅导中的保密协议，与学生的监护人取得联系。有时候，还会采用三方会谈的方式，心理老师、班主任和家长共同对学生的情况进行讨论，以期更好地帮助学生。

除了接待主动来访的学生和家长之外，我们还对部分年级进行了全面的排查，通过问卷星调查了全体学生的心理健康状况，排查出有异常状况的学生名单，同时通过班主任提名的方式列出特殊学生的名单，对这两类学生进行主动的回访，切实地给予学生心理上的支持与关怀。

线上心理辅导是一项新事物，在开展辅导的过程中，会涉及许多关于心理辅导的设置、伦理相关的困惑和疑问，我们对此及时寻求了督导的建议，科学而又认真地把这项工作坚持了下来。

写在最后

云端的陪伴与守候，让我们更加深刻地体会到了自己工作和自身专业能力的重要性。我们也意识到，任何工作，尤其是开创性的工作，都需要我们不断地开动脑筋想办法，才可能有成效。但无论什么样的辛苦，当听到一句"谢谢您，老师"时，所有的付出都是那么的值得。

积流成河，共促发展

——家校合作开展生涯教育活动的积极作用

康　莉

2017 年，北京市公布了新高考的改革方案，学校正式成立了"北京师范大学附属中学生涯教育处"。"学生发展指导和学校生涯教育"由原来的校本特色教育，逐渐发展成为与学校主体教育教学紧密结合、系统规划、专人实施的专项教育。

在设计和实施学校生涯教育方案的过程中，我们意识到，生涯教育这项工作不可能仅仅依靠几个专业教师完成。我们不断思考，如何能在校园内创造更广阔的情境，推动学生充分展开对未来的思考，开阔眼界、激发学习和生活的动力。于是，我们想到了在日常家校沟通与合作的过程中，那些热心学校教育，有积极教育理念、丰富人生经验的家长。我们开始进行尝试，在学校日常的生涯教育课程与活动中，积极引入家长资源，调动家庭对于学校生涯教育的积极性，把个体家庭的生涯教育优势通过学校平台扩展给更多的学生。经过几年的探索，我们积累了一些难忘的家校合作生涯教育的活动，这些活动带给学生非常生动鲜活的记忆、深刻的生涯思考以及自我生涯探索的动力。

生涯人物访谈活动

我们在几年的教育探索中感受到：学生生涯规划的意识与动力，常常是源于家庭。 学生的亲人与密切交往人员的学业、职业发展经历，对学生的影响与触动远比生涯课上老师选取的案例更加鲜活。 所以，我们设计了一个生涯人物访谈活动，让学生选择一位亲人或熟识的人进行访谈。 活动主要分为三步。

第一步：学习如何访谈并设计访谈。

高一寒假前的最后一次生涯课上，我们以央视的著名访谈节目《面对面》为模板，教学生如何设计生涯问题。 比如，可以是围绕生涯时间轴展开采访，重点谈发展过程；也可以围绕生涯重大事件展开采访，重点谈经历对人的影响；还可以围绕人的性格、兴趣、能力、价值观展开采访，重点谈如何做出重大选择。

然后，我们和学生一起讨论选择那些适合的访谈对象。 访谈对象的选择标准首先要正向积极。 其次，尽可能选择得到较多认可，有一定发展或成就的亲人，也可以是亲人的朋友、社会关系等。 对于个别有困难的学生，我们会帮学生联系校内被广泛认可的教师作为访谈对象。

最后，制定访谈提纲。 学生可以选取给出的关键题目或自选兴趣题目，关键题目包含：学习工作经历，生涯发展中的关键事件，自我在每个阶段的满意度及原因，性格特征、兴趣方向、能力表现、核心价值观、情绪情感等对于自身发展的影响，家庭背景、重要他人、社会资源等对于自身发展的影响。

第二步：访谈的实施。

实施过程中，学生采用了很多有趣的记录方式。 除了最基本的撰写访谈记录和访谈感受以外，有的学生模仿《面对面》做了采访海报，有的学生发了抒发感慨的朋友圈，有的学生家长在学生访谈后面写了很长的活动留言，抒发自己作为被采访者的感受，还有的学生剪辑了有趣的访谈视频。

第三步：学生分享与总结。

寒假开学后，我们在生涯课上及时分享与总结。先是六人小组分享，说说自己的访谈经过与感受。再选出一个优秀访谈代表，在班里先是谈谈自己的访谈，再整体汇报小组分享的主要内容。过程中，老师做点评并穿插总结活动的收获和意义。生涯人物访谈的分享与总结，既是推动学生获得更多间接经验、实现某种程度上的家庭资源共享，又是一个我们了解家长对学校活动重视和支持程度的窗口。从学生分享发言中，我们记录下了家长具备的特别好的生涯教育素材——学业经历、热门专业、热点行业、挫折经历、人格魅力、突出能力等，为下一项家校合作生涯教育活动——"生涯人物风采展"进行了前期探索。

生涯人物风采展

每年的 3 月和 4 月，在高一的下学期，我们会举办家校合作大型活动"生涯人物风采展"。它的前身是"家长生涯课堂"。我们请班主任推荐一些学生家长走进生涯课堂，与学生面对面交流自己的生涯经历、人生经验与感悟、家庭亲子关系等。被邀请的家长通常非常愿意与学校合作，在这样的课堂上与孩子以及孩子的同学们交流，家长会非常用心地准备。对那些被邀请家长的孩子们来说，这也是一种特殊的人生经历，他们在课堂上会比在家里更加客观地看待自己家长的成就，产生尊重、敬佩，进而向其学习。

例如，2016 年，我们邀请钱班姜琦的爸爸——某集团副总工程师在生涯课堂上讲述自己的职业选择经历，姜爸爸生动的展示与深入的讲解，点燃了班里很多同学的专业兴趣。毕业后几位同学聊起来，仍对这次特殊的对话印象深刻。另外，姜琦同学在 2018 年以优秀的成绩考入北京大学，她说："我希望自己也能像爸爸一样精彩。"

后来，我们开始把好的家长资源在年级平台进行展示，这样能让更多优质家长资源呈现给全体学生。我们还可以根据学校生涯教育的需求挑选家长，定制家长资源的组合，如不同的热门专业领域，多元的性格、能力、价值观体现，也会考虑不同性别在职场中的职业发展。

以 2018 年、2019 年的生涯人物风采展为例。我们邀请到北京市建筑设计研究院有限公司副总建筑师、教授级高级建筑师王小工。他是我校的校园建筑的设计师，当他以这样的身份去讲述自己求学之路、职业发展中的重要经历（设计北京师大附中校园的过程）时，跨越了年龄与时代的鸿沟，引起了学生强烈的情感共鸣与积极的反馈。我们还邀请到享受国务院政府特殊津贴专家，国家科技进步二等奖、国防科技进步一等奖获得者周立庆。2018 年，他在展示中与学生们讨论半导体芯片在国家发展中的战略性意义。2019 年，当美国对华为实施封锁时，学生们更理解了周叔叔说的"科技人才对国家的贡献"有多大。

家校合作生涯教育活动的积极作用

学校生涯教育，是以学校为主推动学生自我认识和对未来的积极思考。一个家庭，也需要系统地整合资源，全家一起思考孩子未来的发展。家校合作生涯教育既能帮孩子与家人一起提升生涯规划意识与生涯规划能力，又能促进家人陪伴孩子成长，家人参与孩子的选择，家人和孩子一起拓展认识。

校园里的生涯示范教育，限于教师行业；家庭的生涯示范教育，限于家庭成员；学校提供平台，无数家庭积极参与的生涯示范教育，突破了单一专业行业的限制，突破了家庭成员小样本发展的限制，突破了媒体与网络上生涯人物与学生空间距离感的限制。当家长们参与到学校生涯教育中来，提供自己的视角，把更多参考摆在学生面前时，所达到的生涯教育效果更加深刻和有效。

　　家长们参与学校活动时更富有积极的情感，家校合作生涯教育也更富有效果。这些优质的、近距离的身边榜样也更加容易深入学生的内心，触动学生。就这样，越来越多的家长参与到学校生涯教育的队伍中，汇集成更大的力量，推动学校生涯教育不断前进，生涯教育水平不断提升，最终受益者，是"百年附中"一届又一届的莘莘学子。

"画中话"的魅力

——绘画在高二年级心理工作中的妙用

胡　蝶

　　一场突如其来的新冠疫情，使学生在家度过了漫长的假期。返校后，高二学生学业压力倍增，有的人产生了焦虑等负面情绪，有的人无法适应集体生活与人际交往，有的人时常请假抱病在家，有的人与父母产生激烈冲突……怎样才能走进这些学生的内心，引导他们用积极方式调整心态，直面挑战，收获心灵成长呢？年级组长吴老师找到负责高二年级心理工作的我，我们和年级家长教师协会一起商议，最终想到了心理绘画的方式。

　　心理绘画的方式听着操作简单，实际却不容易。心理绘画是表达性艺术治疗的一种，我之前只在个体咨询中使用过。这次面对整个年级的学生，怎样实施、征集与解读绘画，才能让活动深入人心达到预期效果呢？我在访谈了班主任、部分学生与家长，掌握了学生的心理动态，查找了相关文献与书籍后，精心制作了一节视频微课，插入了一段由学生录制的心情语音，引发学生共鸣，进而引导大家觉察、接纳当下情绪，将情绪感受、拨动心弦的片段、场景、人或事，对未来的美好愿景与期许等用绘画方式呈现。令人欣慰的是高二年级的400多名学生热烈响应，"画中话"跃然纸上。

解读"画中话"

一画一世界,每一幅画都是学生的内心独白,展现其个性色彩。 我带领年级组老师逐一展开分析。 先是从色彩、构图、内容、笔触的静态分析:有的学生大胆构思、想象奇妙,有的学生画面整洁、态度认真,有的学生下笔精细、一丝不苟,有的学生色彩明快、清新治愈,有的学生见解独特、思想活跃。

通过对绘画作品的解读,不仅能大致判断出学生的日常表现与性格特征,还能从侧面印证学生的心理问题。 老师们纷纷惊叹心理绘画的神奇效果。 开学初,各班统计了心理需重点关注的学生,我对这部分学生的绘画做了重点解读,并向班主任与部分家长了解他们的成长经历、家庭背景、学业与心理情况等,为下一步开展心理干预提供了依据。

绘画是内心的投射。 透过心理绘画,我们走进了学生的内心世界,探究其所感所思。 以下是我的几点发现。

第一,学业和成绩是学生心理压力的主要来源。 学生们的画作中频繁出现各个学科的知识点、公式与图表。 如高二(4)班王同学的画作,通过螺旋联想到地理气旋、物理黑洞与引力波、数学黄金分割曲线、生物的DNA双螺旋。 在国际部同学的画作中,微积分数学、经济学公式与图表、英语词汇出现频率较高。 可见学业、成绩是学生压力的主要来源。

第二,"谁的青春不迷茫"? 绘画帮助学生抒发了烦闷情绪。 十字路口、山间独行、雷雨闪电、晴天霹雳、伤心泪水、亲人责怪、好友决裂、学业重担……这些意象无不在诉说"青春是一道明媚的忧伤"。 面对不尽如人意的成绩,父母的高期望,不明朗的疫情,不确定的求学之路,学生的迷茫、纠结与烦闷在绘画中得到抒发。

第三,学生心理成长需要重要他人的支持。 绘画是学生抒发情感的过程，许多学生的画作都体现了生命中重要他人的支持。 2020 年 12 月 18 日的年级分享中，高二（7）班的一对双胞胎姐妹的分享令人动容。 妹妹感谢姐姐 16 年来的陪伴，姐姐分享了温馨家庭的幸福秘诀，每逢过年过节，姐妹俩都会亲手制作手工贺卡和礼物送给爸妈。 "珍惜与父母的相处，创造美好的瞬间。 成长经历中，最该感谢的是他们，最应温柔以待的也是他们。" 听到这里，许多师生流下了感动的泪水。 高二（8）班袁同学分享道："期中考试优势学科成了短板，我的内心破碎了，在与老师不断沟通中，从学习状态到学习方法，老师指出了我的不足，我内心的缝隙渐渐被修复。" 心理绘画所营造的教育氛围，让他们想到了父母的辛苦，忆起了手足同伴的情谊，记起了老师的谆谆教诲，从而产生情感的共鸣，使凝聚的爱互相传递。

第四，学生的积极正向思考是主流。 雨后彩虹、逆流而上、勇敢攀登、展翅蝴蝶、鲲鹏、幸福青鸟、大鱼海棠、孺子牛等这些积极的隐喻在学生的画作中随处可见，学生通过绘画的形式重新建构了自我，汲取积极正向的力量，获取解决问题的方法。

回味"画中话"

这次心理绘画活动，获得高二师生与学校领导的一致肯定。 由此发布的两期微信公众号文章与一篇校内新闻，均获得了较高的点击率。 回顾这次活动，绘画在学生心理工作中发挥了以下作用。

第一，提供情绪宣泄的途径。 绘画过程即在自我疗愈。 学生借由绘画抒发情感，宣泄情绪，释放压力。 正如高二（13）班白同学所说："心理老师发的印着很多烦恼的纸，让我的心一下子被戳中了，上面每一句与我的情况都符合。 在老师带领下，我把这些烦恼——划掉，重新涂上鲜艳的颜色，我的心慢慢变得放松，之前那些令我焦虑的事似乎暂时被遗忘了……从那以后，我学会调节自己的情绪，与同学互相倾诉、鼓励，积极投入到学习中。我现在已不再被消极情绪所困扰。"高二（5）班李同学说："绘画能表达出当下最真实的心情与感受，画一幅心理绘画是缓解压力的绝妙方法，留给自己一个积极乐观的心态，整理心情再出发。"

第二，提供了另一种对话方式。这次绘画，是学生与内心的一次对话。创作后的分享则是另一种意义的对话。有的学生将绘画面交班主任，私聊创作的想法；有的直接到"附中心苑"与我分享创作的感受心得。这一过程增进了师生的交流与信任。除了面对面分享，年级分享交流更是一次同伴学习的机会。经各班推选的 11 名学生乐于参与，积极分享，讲述绘画的灵感与思考。在不同主题绘画作品的分享与探讨中，学生们的内心体验更加深刻，对自我与同伴产生了更深入的了解与接纳。

第三，促进学生的自我教育与成长。学生的成长，必须经过"由内而外"这一过程。学生作为教育主体，他们的经历、体验、感受与想法，是最重要的教育资源，也是正能量的源泉。积极的心理教育，要把学生这部分"导"出来，让他们自我教育，促成自我成长。心理绘画正是如此，学生们通过绘画，把个人情感、经历、性格、兴趣与感悟以图像化的形式表达。绘画分享中，学生们又结合画作，将自己创作时的思考、感悟、体验与反思等一一呈现。值得一提的是，本次活动从绘画扫描到视频制作、从主持词撰写到分享彩排，都由高二学生牵头完成。学生的组织沟通、语言表达能力与技术功底令人赞叹！相信这次的经历更能激发他们内在的心理能量！

本次心理绘画是一次温暖、用心、传情的活动。学生在作画、反思与呈现的过程中，不仅认清了自我，体察了内心，疏解了不良情绪，而且看到外部的支持，汲取了前行的动力，有效促进了学生的心灵成长，同样也推动了学校心理教育向纵深发展。

有时去治愈，常常在帮助，总是在抚慰。作为心理老师，我认真对待每一次心理活动，珍惜和学生在一起的时刻。我坚信此刻做的某件事，说的某句话或许会在未来的某个时间对他们的人生产生影响。或许我的力量很微薄，但我希望学生们会因为遇到了我，人生变得和原来有那么一点点不同，期盼这些在父母高期望下长大的孩子能够学会积极化解身上的压力，发现自身闪光点，体验成就感，意识到每个人都有各自精彩的人生道路，未来的自己充满着无限的可能！

与挫折同行

——记一次主题班会

高　敏

"那可能是我班主任生涯里的高光时刻了！"

和朋友、同事聊天时，我总是这样忆起那个班级。 2017 年 8 月，我和 40 个孩子结缘于高一（1）班；2019 年 3 月，又与他们遗憾作别。 仅一年半的相处时光，却在我的记忆里留下了最深的印记。 当时我参加一个班主任比赛，选取每个学生名字中的一个字，将其串成了一首感怀诗：

子衿纤徐进附中，巍巍一班相与行。

白露未感伤秋意，童稚欢脱笑谈生。

一纸条文张约束，涤彼微瑕器难成。

圣师虽远有遗训，洋洋泮水咏洙风。

祖宗涵养天下气，谆谆慧语此门中。

孔孟世道明进退，舟行千里难重重。

人前愁怨懒倾诉，轩窗寂寂雨丝轻。

力虽不迫志可许，莫负芳菲少壮时。

瞻思更应望学子，才知睿意在群雄。

女如班婕才沃若，男似周郎隐市中。

会展龙韬并豹略，好风一霎为吹晴。

颖脱难藏冲斗剑，凯歌初奏黄河声。

日日嘉名口耳传，娇花繁蕊闻附中。

洁行好贤君自有，赫赫声名使人惊。

焕然风采青春照，昂昂气宇百事兴。

闲行静坐余心乐，班中恒奏向前声。

辛酸万缕萦心上，陶然一笑意已平。

万木杉丛一寸栽，风物长宜放眼观。

地阔天高任驰骋，丹心一片凤朝阳。

心悦君兮君亦知，怡然自得两情痴。

这首急就诗，记录了我与这 40 个孩子初相识时的欣喜及我在班级管理方面的一些摸索，从"习惯养成"到"文化育人"，再到班级"自主管理"。孩子们各尽其才，在高一时的"一二·九"合唱比赛中，便初露锋芒，一曲《保卫黄河》斩获比赛三大奖项——"最佳指挥""最佳伴奏""合唱一等奖"。之后，在学业表现、年级各项评比中也是卓然而立。我和同学们都庆幸自己属于这样优秀的班集体。

但是，通过平时观察，我发现一些学生并不快乐，有时还会表现出烦恼、困惑、焦虑、低沉、愤怒等负面情绪。风华正茂的年纪，为何终日眉头颦蹙、满面愁容呢？

追本溯源

我和家长沟通交流后得知，一些同学在新的集体中找不到自己的定位，觉得自己无论怎样努力都仍不如人，于是开始变得消沉、懈怠、逃避问题，甚至封闭自己。初中时，他们是各校的佼佼者；步入高中后，跻身于更优秀的同学圈，变得泯然众人，这样的落差确实是令人一时难以接受的。

此外，这届学生又面临一个新的考验——新高考。作为新高考政策落地实行的第一届考生，他们心中有诸多疑惑与惶恐。尤其是高一学年结束时的"6选3"的选科抉择，让他们倍感压力。在未确定所选科目前，同学们都绷紧神经不敢懈怠每一科，这自然会增加课业负担。同时，各种大大小小的测验，总有不尽如人意之处，很多学生就会有更强烈的挫败感。

我该如何帮助同学们舒缓这种紧张、低沉、压抑的心理状态呢？于是，我开始翻阅相关书籍，打算从心理学方面查"病症"，医"心疾"。有心理学家指出，挫折包含三个方面。一是挫折情境，指对人们的有动机、目的的活动造成的内外障碍或干扰的情境状态或条件，构成刺激情境的可能是人或物，也可能是各种自然、社会环境；二是挫折认知，指对挫折情境的知觉、认识和评价；三是挫折反应，指个体在挫折情境下所产生的烦恼、困惑、焦虑、愤怒等负面情绪交织而成的心理感受，即挫折感。其中，挫折认知是核心因素，挫折反应的性质及程度，主要取决于挫折认知。我突然明白：挫折情境是不可避免的，是同学们的"挫折认知"出现了问题，这才是症结所在。我需要做的，就是让这些从小耽溺于众人的呵护与关爱之中的孩子们接受点"挫折教育"，引导他们正视挫折，以积极的心态应对挫折，并且努力超越挫折，成为生活的强者。

因势利导

其实，升入高中以后，学生们集体接受过一次关于"挫折"主题的教育——全年级观看励志电影《当幸福来敲门》。观影后，很多同学都深受鼓舞。在此基础上，我趁热打铁，设计了一次"与挫折同行"的主题班会。班会分置"情景模拟，体验挫折""实话实说，评议挫折""调整心态，直面挫折""寻觅方法，超越挫折"四个环节。

设计班会前，我特意请教心理老师，学来了心理学上的一个体验挫折的"小鸡成长"游戏，以此作为班会的开场。 该游戏的流程如下。

第一步，用肢体语言代表小鸡成长的四个阶段，分别是"蛋（蹲着）——小鸡（半蹲）——中鸡（弯腰）——大鸡（直立）"。

第二步，所有同学蹲下，做"蛋"状，用"剪刀石头布"两两对决，胜利的成长一级，失败的后退一级（如"中鸡"赢了就变成"大鸡"，输了就变成"小鸡"）。 长成"大鸡"后就退到一旁，观看别人成长。

第三步，在成长过程中，每个人根据其他人的肢体语言辨别其成长阶段，寻找和自己处于同一成长阶段的同学进行对决。

第四步，大多数同学成为"大鸡"后，教师喊停，游戏结束。 所有同学保持所处的成长状态。

在这个游戏中，除了成为"大鸡"的同学外，其他同学都表示自己在游戏过程中有一种挫折感；而一直处于"蛋"这种状态，或者是即将长成"大鸡"而败退回"小鸡"或"蛋"这种成长状态的学生，挫折感最强烈。

第一环节结束后，我告诉同学们："游戏如此，生活亦然。 挫折于你于我，都是人生的必修课。"

接下来，我让同学们回忆、填写并分享自己的"挫折回忆卡"。

这件事发生在＿＿＿＿＿＿＿＿＿＿＿＿＿＿＿，

我最初想要达成的目标是＿＿＿＿＿＿＿＿＿＿＿，

由于＿＿＿＿＿＿＿＿＿＿＿＿＿的原因，

我没有达成/失去了＿＿＿＿＿＿＿＿＿＿＿，

我感到＿＿＿＿＿＿＿＿＿＿＿＿＿。

我分析＿＿＿＿＿＿＿＿＿＿＿＿＿，

我决定＿＿＿＿＿＿＿＿＿＿＿＿＿，

这件事过去以后，我变得＿＿＿＿＿＿＿＿＿。

有的同学说自己在挫折面前总是抱怨运气不好，继续逃避；有的同学说他将挫折视为无法逾越的障碍，从而放弃挑战；而有的同学则是把挫折当作历练，不断拼搏……自愿分享的过程中，同学们都感受到面对挫折的心态不同，产生的影响就不同。

紧接着，为了强化同学们的认识，我让同学们搜罗分享古今中外的"名人大家"们对抗挫折的经历及取得的成就。当然，这些名人大家的经历，无不诠释着对待同样的挫折情境，怨天尤人、退缩逃避，会失去成长的机会；而勇于面对挫折，积极应对，将收获人生的财富。同学们进一步认识到不应逃避、畏惧挫折，而应以积极的心态面对挫折，并寻求抵抗挫折、提升自己的方法。

班会自然过渡到第四环节。在这一环节中，首先，我带着同学们对之前看过的励志影片《当幸福来敲门》进行咀嚼品味。

"在挫折面前，影片主人公坚信'幸福明天就会来临'。除了这种积极乐观的心态，从他身上我们可以学到哪些应对挫折的方法呢？"学生从主人公克里斯·加纳对抗挫折的经历中，得出如下对抗挫折的方法。

"寻找精神支撑，主人公的儿子就是他战胜挫折的支撑。"

"有坚定的信念和顽强的毅力。"

"积极寻找命运的转机，如从卖治疗仪到转行股票投资公司。"

"不断提高自身的能力。"

…………

然后，我请同学们再次拿出"挫折回忆卡"，看看刚才探究的方法能否抗击记忆最深处的那次挫折，如果仍不可以，就请小组同学互帮互助，为彼此献出妙计良方。大家坦诚交流，友爱互助，为彼此分担忧愁。

最后，伴着《阳光总在风雨后》的乐声，同学们都制成了属于自己的精美而实用的《抗挫宝典》。我也嘱托同学们不仅把这些妙计良方写在纸上，更要记在心间，用来面对未来两年多学校生活中遇到的各种挫折。而且，随着阅历的增加，《抗挫宝典》上的内容应越来越丰富，以对抗人生道路上的种种不如意。 人生在世，起伏不定，愿同学们总能在挫折中从容前行。

悄然改变

班会课后，很多同学还在意犹未尽地议论着：

原来班里那么优秀的同学也有过那样痛苦的挫折经历，看来，挫折真是每个人的必修课。

我经历的挫折真的不算什么，以后我不能畏惧和逃避挫折了。

我不能再因为一两次不如意的成绩而无法释怀了，高考"6选3"，来吧。

以后再遇到什么事，我要主动和同学、老师、家长分享了，说出来后，感觉轻松多了。

·············

有的学生还在自己觉得学习难度最大的科目的教材上写上了"抗挫信念一句话"，如"不忘初心，方得始终""遇挫不折，遇悲不伤""最曲折的路有时最简捷"等。

班会结束后的几天里，很多家长打来电话或发来微信，说孩子现在变得乐观开朗了，不再会因某一次不理想的单元测试成绩而闷闷不乐了；说孩子开始询问自己曾经经受挫折的经历，并请教战胜挫折的方法了；说孩子不再畏惧语文背诵及默写了，上学的路上都在念叨着背诵内容等；说孩子从高一刚入学的迷茫，变得自信了，且树立了大学目标及人生志向⋯⋯

20 世纪 60 年代，美国作家杰·唐纳·华特士（J. Donald Walters）在其《生命教育》一书中就指出，生命只是活着的一种历程，既然活着，就不妨活得好，让身、心、灵兼备的生命态度，成为未来教育的新元素。 顾明远先生也认为，教育的本质就是生命教育。 学校的"全人格"教育，注重对学生健康心理和健全人格的培养。而社会多元化的发展，导致当下青少年呈现出越来越多的心理健康问题。帮助学生保持健康的心理状态，并固化为良好的心理素质，以提升生存的能力和增强对生命的关注与尊重，是作为师者的重要使命。"挫折教育"只是一个小小的点，完成青少年健康、健全的"生命教育"，任重道远。

与"拖延症"的一场战斗

包秀珍

2014年7月，我拿着新组成的高二（2）班的名单，不禁心头一凉，20个人组成的班级中，有超过半数的同学学习基础差，年级排名靠后，而且习惯不好，规则意识不强，面对这样的"阵容"，我感到接下来的两年任重道远。

不出我所料，开学后的麻烦事接踵而至，迟到、卫生、课堂和作业，各方面都频频告急，我每天疲于应付各种层出不穷的问题，但近一个月过去了，并未见明显成效，我意识到自己应转变思路，要找到问题的根源，而非"眉毛胡子一把抓"。

于是，我广泛地展开了与学生的面谈，汇集普遍问题，进行归类，这个过程带给我了极大的惊喜，学生的问题非常集中和鲜明，我要斗争的强敌浮出水面，那就是一种普遍而顽固的"疾病"——"拖延症"。

"我没写作业是因为我最近事多，需要先好好地放松一下。"

"我经常制订计划，但每天的任务都完不成，计划也就形同虚设了。"

"我习惯写一会儿作业就刷一会儿微信，所以作业往往很晚才完成。"

…………

面对学生这些真实的回答，我也不由得反躬自省，作为老师，我不也经常有这样的心理或做法吗？ 我不也是一位"拖延症"患者吗？ 我预计暑假从从容容准备的新学期资料不是推到开学前的几天才仓促地完成吗？我的家务活总"堆积"到不得不做才做，"今天累了""明天应该不忙"……各种理由都显得那么合理而自然。 我在备课时也会时常被信息、朋友圈吸引，两个小时的任务拖拖沓沓地干一个上午。

面对这样的强敌，我要和学生们一起展开艰苦的"战斗"了。

工欲善其事，必先利其器

通过阅读，我了解到拖延不仅降低办事的效率，也影响了人们的心理健康。 "拖延症"不仅影响学生的学习成绩，更大的危害是令人自信心降低，使人滋生挫折感和自我挫败式的思维方式，妨碍人的理性判断。 我的班级中的确有不少学生因拖延习惯导致成绩不理想，进而影响整个人的精神状态——自卑、缺少斗志、做事懈怠、自暴自弃、不愿参加集体活动……班级成员的状态得不到改善，班级整体的面貌改善只能是镜花水月。 "拖延症"的巨大危害迫使我更加坚定了与之战斗的决心。

接下来我进一步与心理老师交流"取经"，并认识到要解决问题，首先要卸下学生对于问题的防备，降低因为拖延带来的心理压力。 通过师生同学间敞开心扉的交流，我们意识到拖延的普遍存在，甚至可以说这种"趋乐避苦"是人的"本能"，要想战胜这种"本能"，我们不仅需要意志力，还需要具体的方法。

一个思路在我脑海中逐渐成形：先调查学生们的拖延现状，再创造机会让大家充分交流，畅所欲言。 一方面，我要帮助学生们分析原因，树立自信，看到战胜"拖延症"的价值，另一方面则要给学生们展示成功的榜样，展示具体的战胜"拖延症"的方法。

凡事预则立，不预则废

发现问题，解决问题，这不仅是对自身拖延恶习的宣战，也是对班级义不容辞的责任。在积极的准备之后，我设计了一系列的活动来解决班级同学的拖延问题。

一份调查问卷成为此次战斗的号角，这份调查问卷中有对拖延程度的测量，有对"拖延症"的认识和态度的测量，也有对自身拖延原因的分析……有非常生活化的场景设计，也有激发学生理性思考的问题，在完成这份调查问卷的过程中，不少同学就已非常鲜明地意识到看似微不足道的小毛病原来是一种可怕的"顽疾"。

精心设计班会，全面投入战斗。在对调查问卷进行了分析总结后，我首先与班委同学进行了深入的交流，大家对于生活中自己懈怠的心理、拖沓的做法以及低效的学习进行了反思，也充分意识到与"拖延症"战斗的重要意义，设计一次班会的想法自然地诞生了。我们进行了有针对性的讨论和细致的分工，大家集思广益，产生了很多围绕解决"拖延症"的好点子。从名人事迹到社会现象，从生活实例到解决办法，查资料、写串词、制作 PPT，一系列的工作都井井有条地展开了。为了让班会收到更加理想的效果，我私下与毕业生联系，请曾经被"拖延症"困扰到战胜"拖延症"，并且事业有成的两位学长分别制作了视频，与学弟学妹们分享高中学习经验。

"业精于勤，荒于嬉；行成于思，毁于随"，伴着主持人的开场词，大家非常投入地参与着，共同了解困扰大家的"拖延症"。

班会进行得很顺利，大家坦诚地交流着自己的心理，造成"拖延症"的原因也渐渐明朗起来。

"趋乐避苦"的心态使人们对于那些会给人带来不愉快体验的刺激，

倾向于回避，如果不能回避，人们就会尽量去拖延；过高标准的定位会让人产生求全责备，过于追求完美的想法，导致焦虑、紧张、烦恼和困扰，带来的是拖延；低挫折忍受力的人，面对挫折，心事重重，会把注意力放在反省自己的情绪上，后悔与自责会成为主导性心态，缺少对事情的高效行动。

容易造成拖延的事情一般是这样两种——自己倍加重视、关乎荣誉的事情和要忍受痛苦、易产生畏难情绪的事情，大家纷纷表示如果能做到以下这样几点，战胜"拖延症"也并非难事——

战胜自己的惰性，敢于吃苦；

准确定位，计划合理；

增强自己的耐挫力，不沉溺于失败，拥有积极乐观的心态。

在班会结束前，我分享了事前准备好的视频，大家听着学长们的教训和经验，受到的触动都很大，原来拥有高效的学习习惯是一生的财富，不仅可以助力高中阶段的学习，更会对大学及未来的工作产生积极的影响。

最后，我向大家推荐了由加拿大心理学博士皮切尔写的《战胜拖延症》一书，相约在今后的两周时间里从日常的出勤、作业、课堂等小事做起，做一个勇于改变自己、提升自己的人。

宝剑锋从磨砺出，梅花香自苦寒来

班会后的师生们都在悄然改变着。作为老师，我以身作则，与学生和班级共同成长，我有意识地在工作中排除干扰，创造完整时间完成工作，高效的工作状态使得我在各方面都游刃有余起来；学生们的面貌也有不小的改变，迟到有改善、课堂上大家的精神状态也改观不少，各科老师也感到作业质量提高了……

两周后，我们召开了一次气氛轻松的座谈会，大家开怀畅谈，一起交

流自己与 "拖延症" 战斗的经验。

"我每次开始学习前，先给自己定 25 分钟的计划，这个时间内做到心无旁骛，之后便能将好状态延续。 效果还不错!" "我利用上下学的零碎时间，完成一些机械的背诵任务，晚上也能早点完成作业，早点休息，第二天就能保证起床时间了，就不怎么迟到了!" "我不那么好高骛远了，给自己制订可行的学习计划，不像以前那样总是为完不成计划而懊恼，而有了更多的成就感。" ……

这场与 "拖延症" 的战斗远未结束，我们始终奔波在自我完善的路途上，但我和我的高二（2）班同学在战斗中共同成长，共同享受着点滴的收获带来的喜悦。 这场战斗也告诉我们这样几个道理： "自视过高的天堂和害怕失败的地狱只有一步之遥" "努力了才会有成功的可能，不努力则一定不会成功"。

"阿甘"不愚，扶正班风

王 玲

我的班上有一个类似于美国电影《阿甘正传》里的主人公阿甘的孩子，他的存在，给班级日常管理带来了很大冲击。但我深知，教育契机如果抓好，便会加速班集体的成长。

愚人不愚，零光片羽

我做班主任工作已经有 30 年了。2019 年我接任新初一，在新生报到的第一天，我就发现了一个与众不同的孩子——小齐。他目光略显呆滞，在对新学校毫无陌生感地不断提问题。而后的年级大会上，他的一些行为令有着多年班主任工作经历的我都被惊住了。放学后，我第一时间与家长见了面，但并没有得到什么有价值的信息，可能家长还缺乏对学校必要的信任。

9 月正式开学后，几乎每节课的课间都有同学找我告小齐的状：他动作大且不协调，把同学的课桌碰倒，课本掉一地，水杯打翻弄湿了别人的衣物；不管别人愿不愿意，随意开玩笑惹急同学，很用力地拍同学的后背……同学们（包括外班的同学）也在私下不断议论，感觉他就是一个"怪物"。

开学第一周，我每天、每节课都在解决与他有关的事情，过问受打扰的同学有没有受伤、物品有没有受损，与任课老师讲若因他不能继续讲课，可以把他请到我办公室等。 两周后我约他的父母到校沟通情况，家长只是说小齐身体和生理成长（他个子比绝大多数同学高出一头）不匹配，再加上有一年国外生活的经历，孩子比较随性，又单纯胆小，希望老师多照顾，除此也没能有进一步的沟通。

电影《阿甘正传》中有这样一句话：太阳落山前，阳光映射在河口上，有无数的亮点在闪闪发光。 小齐自然有他的闪光点，比如他从来不迟到，又如他的家长回执要是没签字，他就会打电话让妈妈来校补签。 经过两周的观察，我发现他虽然是个自理能力极差，胆小又爱惹事儿，并且不太会与人沟通的孩子，但又很聪明，不介意别人的拒绝，专注于一件事的时候就会很投入。 他就像阿甘，在某些方面能力不足，但也有不少特长，家长在谈话中也流露过这层意思，只是说得很委婉。

人与人是平等的，每个生命都有他的价值，成人能意识到这点，但我面对的是一群十二三岁的未成年人，他们正处于懵懂的年龄，我既不能把孩子当大人来要求，也不能把已经开始长大的孩子当小孩来看待，所以，我既要保护小齐，也要保护班集体，不如就让小齐给大家搭建一个成长平台吧。

小齐的与众不同，招来很多男孩（也有个别女孩）的嘲讽，合作活动时也遭到大家的嫌弃，我知道孩子们的不接纳是特别正常的现象，他们包容性本身不强，年纪上也正处于叛逆期，包容小齐谈何容易。 每天我都在做"消防员"，但和他们讲道理的作用一时有，一时无。

不久后，在打流感疫苗时他当众号啕大哭，他一定要让爸爸陪在身边才肯打，我拨通了爸爸的电话，我一边拉着小齐的手，一边开着免提，让爸爸一直安抚，这才打完了针。 然而同学们都看了全程，他们的眼神中有嘲笑、同情、疑惑。 午休时，小齐恰好不在教室，这是最为合适的教育契机！ 于是我就打针的事情边引导，边让大家讨论。 最终大家达成一致：小齐和大家不一样，但我们的社会是由各具特色的人组成的，每个人与众不同，但是完全平等。弱势的人不应被歧视和嘲笑，我们应善良对待不同于自己的人，不应做恶人，没有人愿意与恶人交朋友。这样的讨论结果与我的预期太一致了，我及时点评：人在一起是"聚集"，心在一起能"聚力"，在温暖、平等的集体中，大家才能健康、快乐地成长！恰好此时小齐进了教室，迎接他的小眼神都充满了善意。

牛毛细雨，瓢泼大雨

小齐不懂人情世故，但做事情的积极性超高。当他的莽撞事与愿违后，我是想批评他的。可我一想到其他孩子听到后可能会联想到同样积极主动的自己，那么一次"拒绝"就会打击一批孩子的自信心，于是我便非常注意自己的教育场景和方式。运动会入场式排练时，每个孩子都有自己的点位，小齐一直在动来动去，影响了队伍的行进。怎么处理才能保全所有人的积极性？我先和小齐商量："运动会时看台上会有同学们的贵重物品，需要特别有责任心的人守护，老师认为只有你适合做，也相信你能做好。"他特别高兴，便蹦着跳上领操台看大家练习。我又转身对其他同学说："运动会需要有责任心的同学帮助大家保管贵重物品，小齐同学主动承担了此项任务……"我话还没说完，队伍就像有人下了口令，齐刷刷喊着："谢谢小齐，谢谢小齐。"并伴有响亮的掌声。当时我的眼泪夺眶而出，开学以来我苦口婆心的教导终于初见成效，孩子们终于接纳了小齐，也收获了感恩之心。

期中考试小齐成绩居班级中游，令其他孩子瞠目。班会上，我着重表扬了他服从老师管理，按时完成作业，上课积极思考问题，专注做事，能很快适应初中学习等优点，并让孩子们传阅小齐干净、整洁的试卷。我告诉孩子们，这样的书写是按照老师和家长的要求做的，作业写不整洁要重写，总拿他人不足开玩笑的同学是不是应该向小齐学习？我扫了一眼爱开玩笑的同学，他眼中少了平日里对小齐的不屑，有了一丝丝敬佩。

因小齐通常会在上课无聊时做一些不雅动作，为纠正不雅动作，我和家长达成共识，允许他上课看课外书并做笔记，这样小齐就没有闲暇时间了。 我也和小齐约定，一天没有做不雅动作，就给他盖一个小印章，攒齐五个小印章就给一张贴画，五张贴画换一个小本。 这样的正向激励对于其他初中生来说可能略显幼稚，但对小齐特别适合，他每得一张贴画就让爸爸给我发短信表扬他，后来他得到了一个小本，再后来他的动作改掉了很多。 自然，其他孩子对他由此产生的偏见也就消失了。

临近期末，我需要下发一堆资料，平时小齐总在我办公室周边活动，我就叫他一人搬了四趟资料，还帮别的班也搬了两趟。 第二天早读发资料的时候，我特别表扬小齐劳动意识强，不惜力，乐于助人，这都是当今特别推崇的品性。 我提到平时有同学连值日都要逃避，小齐就是你们的榜样，三人行必有我师，我们要取人之长，补己之短。 我相信，他人的欣赏可以帮助一个人提升自信心，从别人身上看到优点就加以赞美，这是处世的智慧，更是为人的美德。 所以我给每个孩子准备了一个精致的笔记本，起名字叫"鉴宝"本，孩子们每月写一篇文章，夸奖看到的好人好事。 我发现，从期中考试后，本里就逐渐有了小齐的名字，每当看到这样的内容我都很感动。 在点评时，我写过这样一段话：每个人都有自己的优点和缺点，每个人都喜欢听别人的赞美。 假如我们能看到别人的优点就加以赞赏，你就会觉得，这个世界上处处都是美的存在。 因为，当你有欣赏别人的能力时，你既给别人带来了快乐，也让自己的心灵产生了愉悦。

班主任工作是很有挑战性的，我们总会遇到一些个体或家庭比较特殊的孩子，他们需要得到更多的关注，大多情况并不是知识上的，而是理解和爱。 老师善于观察，善于发现，把握住每一个转瞬即逝的教育契机，对于团队及团队中的个体都是极好的成长机会，对于教师自己，也是对心灵的涤荡，令人格更完满。

教育以孩子为本

——如何正确地爱孩子

徐莉芳

自杀威胁

中秋假期，电话响起，是学生小 X。奇怪，有什么特别的事吗？我接通电话，电话中传来了小 X 泣不成声的声音："老师……怎么办啊……怎么办……小 D……小 D 要自杀！"我震惊了，稳了稳心绪，安抚住情绪崩溃的小 X，才从他口中得知事情的大致经过。

原来是小 D 用自己的零花钱买了一件昂贵的限量款服装，结果她的父母知道后认为是乱花钱，勃然大怒，把服装剪了。小 D 情绪激动，对父母爆了粗口，于是小 D 被父亲揍了。小 D 觉得生活没有希望，决定要自杀。还好，自杀前，小 D 把想法告知了要好的同学小 X。

我当班主任这么多年，还是第一次遇到这种情况。不管怎么样，必须先稳住小 D。考虑到小 D 并未告知其他人，估计也不想让老师知道，所以我没有直接出面，而是让小 X 联系小 D 的其他好友，一起去陪小 D 聊天，尽可能安抚和转移情绪，避免她实施极端行为。

随后，我拨通了心理老师的电话，咨询此类问题的处理方式。心理老师也舍弃了休息时间，一起分析情况，并给予了理论支持。

随即我拨通了小 D 母亲的电话。这样的事，一定是需要家长配合的。也许家长还不知道孩子已经有了如此极端的想法。然而令人意外的是，母亲得知女儿要自杀后，仍然怒气冲冲地说："让她'死'去吧！我恨她。"

我非常诧异，与小 D 母亲做了进一步沟通。几句话之后，小 D 母亲便像开闸放水一般抱怨起了自己的女儿，列举着女儿讨父母厌烦的各种事。等她抱怨完，情绪冷静一些了，我才开始开导她，告诉她女儿在外人眼中是个很好的孩子，并不是他们看到的那样。终于，小 D 母亲口气缓和了，我也趁机给她提出了一些要求和建议：立刻停止任何暴力行为，也不要再批评指责孩子，防止事态进一步恶化；近期每天接送孩子上下学，以防万一；建议与学校心理老师约谈，接受心理咨询服务。

从天使到"恶魔"

完成应急处置，基本保证孩子的安全之后，我才从各种渠道去收集更多的信息，逐渐厘清事情的原委。

在学校，小 D 的学习比较努力，成绩在中上水平。和同学相处，表现比较敏感、任性，常常生气，需要好朋友哄，才顺利过去；和老师相处，则有些谨小慎微，怕老师不喜欢自己。

小 D 的家庭情况看起来比较正常，父母感情挺好，从小也对小 D 视作掌上明珠。以小 D 母亲的话说："要什么给什么。"是的，小 D 父母对孩子的爱就是要什么给什么，却缺少了引导和约束。平时，他们每个月会给小 D 近千元零花钱。孩子想看某明星的演唱会，小 D 的爸妈即使不太赞同，还是会不远万里陪着小 D 飞过去。

然而，小 D 父母心中的"要什么给什么"，也是期待回报的。他们期望小 D 各方面都能出类拔萃，当然成绩更是必须优异。

在小学阶段，小 D 的确也基本达到了他们的期望，一家人还算其乐融融。 然而进入初中后，随着环境的变化，学习压力的加大，小 D 虽然也在努力，成绩也仍然不错，但是离拔尖、优异还是有些差距。 对小 D 父母来说，他们开始觉得孩子不够好了，于是经常盯着孩子的日常行为，希望督促孩子抓紧时间努力学习，而不要有其他任何影响学习的"不良行为"。

然而，从小的娇惯使孩子本身也缺乏自我约束力，养成了任性甚至是蛮横的性格。 初中以后孩子也开始进入青春期，独立意识增强，敏感、叛逆，脾气暴躁，对父母的约束行为自然是非常反感。

于是，父母与孩子的碰撞和矛盾不断升级。 在父母眼里，孩子从可爱的小天使，变成了不懂事、不听话、任性、贪玩、学习不努力的坏小孩，而且进一步发展到直接顶撞父母，完全我行我素的"小恶魔"。 在孩子眼里，父母也从小时候的父慈母爱，有求必应，变成了敏感、多疑，不讲道理，控制欲强，还有暴力倾向的坏爸爸、坏妈妈。

双方都看对方不顺眼，父母希望采取强力措施，把孩子纠正回到理想的轨道，孩子则希望自己做主，坚决抗拒父母的管制。 矛盾不断积累之时，父母除了不断絮叨，还多次动手打骂孩子。 孩子视家为牢笼，觉得没法逃脱，也无处可逃，这才萌生了自杀的想法。 也就一两年时间，一个其乐融融的温馨家庭就变得鸡飞狗跳。

家校合作，健康成长

孩子上学以后的教育，是学校和家庭共同的责任。 当孩子出现问题时，班主任需要和家长进行沟通，家校密切配合，才能保障孩子的健康成长。

在这个事例中，孩子固然有问题，但父母的问题更大，而且孩子的问题，归根结底也是父母的问题。 家长需要改变观念，以更平等和尊重的态度对待孩子。 在学校则可以充分利用脱离家长的有利状态和同龄人的氛围，对孩子进行更多的正面引导。

　　心理学家荣格提出，父母对孩子最坏的影响，是让孩子觉得他们没有自己的生活。小 D 的事情发展成这样，和家长过多干预孩子的生活，且对她不够尊重有直接的关系。因此我与小 D 的母亲进行了几次长谈，也联系了学校的心理老师，让小 D 的母亲和心理老师进行了多次面谈。我们给她介绍青春期孩子的心理特点，告诉她青春期的孩子个体意识已经觉醒，越来越有独立性。因此，不能再像小孩子一样地"管教"，而是要平等对待，要和孩子做朋友，给予更多的尊重。要用建议和帮助替代指令和要求，要学会尊重和接受孩子的选择，青春期的孩子毕竟也还是孩子，还有很多不成熟和冲动的行为，这就需要家长能容忍和有耐心，并进行合适的引导和教育。当孩子取得成绩和进步的时候，要由衷地给予赞美；当孩子经历失败，感到痛苦烦恼时，家长应给予行动和情感上的支持；当孩子冲动时，家长可以先冷处理，等孩子冷静下来再探讨。另外，对于非原则性的问题，家长要充分尊重孩子的意见，不必多加干涉；对于重大问题，则应该采取平等和理性的态度和孩子进行讨论。冰冻三尺非一日之寒，我们也告诉小 D 的母亲，不论对自己还是对小 D，都不要操之过急，要耐心地去慢慢改变。

　　在学校，我根据小 D 的性格特点和能力特长，通过日常工作和学生活动等机会，引导小 D 去逐渐改变。

　　第一，为小 D 安排力所能及的工作，培养其责任感和荣誉感。小 D 比较在意老师的评价，也比较细致。所以，我安排她负责讲台上粉笔的清理与及时补给。她完成得非常好，粉笔摆放整齐，一旦缺少立刻补充。我常常表扬小 D "靠谱"。小 D 做这项工作也越来越认真负责。

　　第二，抓住机会培养小 D 的规则意识。小 D 性格上有比较任性的一面。有一段时间，小 D 早上到校经常迟到，虽然班干部对此进行了几次提醒，但她表现得并不在乎。我找时间与小 D 进行了一次正式的谈话，明确学校的考勤要求，并指出对于迟到的处理方案：要么让家长书面申请，写明合理的晚到理由；要么取消评优资格。让小 D 意识到上学迟到作为一种违反校规校纪的行为，也是要付出代价的。之后，小 D 再也没有迟到过。

第三，为小 D 提供成长空间和机会。小 D 画的画很漂亮，又很有想法，我就鼓励她承办一次班级的生日活动，鼓励她充分发挥自己的优势，并和同学们协作，给他们充分的自主权。她和同学们一起独立制订工作计划，还主动悄悄了解生日同学的喜好，翻阅各种资料，最终提出了自己的创意和方案，和同学们一起为过生日的同学制作了一份艺术作品做生日礼物，也得到同学的赞誉。她自己也变得更加自信和阳光。

我终于放心了

家校合作过程当中，小 D 的母亲接受老师的意见，也认识到家暴的错误，和小 D 父亲一起转换心态，改变对待小 D 的态度和方法。我也坚持和小 D 母亲保持沟通，不断给她介绍小 D 在校的情况，孩子的各种优点和进步。小 D 的家庭气氛逐渐得到缓和。

通过家庭和学校的持续不懈的努力，小 D 恢复了正常的学习和生活，成绩也有了稳步的提高，在中考中取得了比较理想的成绩。我也总算放心了。

老话总说："不打不成才""棍棒底下出孝子"。可我要说，打骂孩子不仅仅伤害了孩子的身体，更让孩子心理上感到痛苦，是身体健康和人格尊严的双重伤害。让我们相信并践行"爱能融化一切"，正确的爱，才能造就一个优秀的孩子，一个幸福的家庭。

用心呵护迟开的花朵

史天慧

新学年，我在课间偶遇自己下一节任教班级的班主任，她告诉我，这个新集体中有个男生，心智不太成熟，需要特别对待。我急于知道这个孩子的情况，马上问道："是哪个学生？坐在什么位置？""上课时你自然就知道了，他叫小贝。"班主任说完匆匆去上课了……

"迟开花朵"需要特别关注

果然，在第一节心理课上，我很快就发现了一个与众不同的孩子。他坐在第一排，几乎不听课，自己在下面玩得起劲，嘴里不时发出声音，甚至打断课堂教学。我提醒后，他没有太大反应，他对老师的提醒和批评并不在意，似乎不明白老师的用意。看来，他就是小贝了。

课后，我走到小贝跟前，仔细打量他。其实，小贝长得胖乎乎的，五官端正，一副很可爱的样子。白净的脸上忽闪着一双大眼睛，但是眼神却如幼儿般天真无邪。我尝试和他聊了几句，他的回答也像小孩子一样。

后来，我又找到班主任询问情况。原来，刚开学，小贝的家长就主动来学校介绍孩子的情况。妈妈说，孩子的身体状况良好，只是学东西比较慢，与人交流时说话也很幼稚，还有些任性，好像长不大似的。曾经带他到医院看过，医生说属于心智不够成熟，需要家人多加照顾。

听说这一情况，我赶快查阅了相关资料，希望对小贝了解更多些。 资料显示，发育迟缓的孩子一般表现为智商偏低，无明显语言障碍，有充分的感知能力。 学习能力较低，不能顺利完成小学教育，适应社会能力低于正常水平，但能学会一定的谋生技能，可以进行社会交往。

知道了小贝行为背后的原因，我便对他多了一分理解，也多了一分关注。 上课时，对小贝的表现更加宽容；下课后，找小贝聊聊天。 偶然碰到小贝闹脾气，主动上前帮忙劝说，缓解他的不良情绪。

随着接触的增加，小贝与我渐渐熟悉起来了。 在楼道里碰见时，小贝会主动问好，若有时间还会给我讲些好玩的事情。 上课他基本上不再弄出声响，而是按照我们的约定，坐在座位上画画，下课后马上过来找我打分。 当我在画上写个大大的"100分"时，小贝就兴高采烈地跑走了。

整整两年里，我看着小贝一点点发生着变化，这与班主任老师的引导、同学们的友好相待、身边人们的关爱是密不可分的。 当我给读初二的小贝上最后一节心理课时，他已经能在总结中写下"心理老师很好"这几个字了。

"迟开花朵"也需心理帮助

小贝上初三后，我见到他的机会少了许多。 我正想询问小贝的近况，班主任却先找到我，说小贝想跟我聊聊。

再次见到小贝，是在心理辅导室。 眼前的小贝与初一时相比，已经判若两人。 他变得高高壮壮，如大人一般。 只不过言行举止还像个大孩子，时常露出天真的笑容。

小贝果然是主动前来的，他带来了一系列具体问题。 比如，别人批评他时，他就去紧紧地抱人家，怎么办？ 怕吃苦、怕读书、怕打针，怎么办？ 考试时为什么总要求坐在第一考场？

从小贝的困扰中可以看出，虽然在认知、语言、情绪等方面有发展障碍，但他也像其他学生一样，存在情绪困扰，希望得到认同和肯定。于是，我耐心倾听小贝的讲述，就他的提问，逐条进行分析，尽量让他自己想办法解决。针对小贝的需要，提出合理建议。如生气时用语言表达代替肢体表达。随后，小贝自己总结出讨论结果，并郑重其事地在纸上记了下来。表达感谢后，他还说，如果这些方法不管用，再来请老师帮忙。

后来听班主任说，小贝回去后很开心，还把自己的记录拿给老师看。同时，小贝的情绪也稳定了不少，在学校的表现也比较好。

两个月以后，小贝又来找我了。这次他的问题聚焦为一个：情绪困扰。小贝详细描述了在家中发生的情绪事件，最后问我该怎样发泄情绪。

面对一脸困惑的小贝，我却心中暗喜，因为我看到了小贝的成长。自我意识发展、独立意识增强是青少年心理发展的主要特征，可以表现为具有自主意识，不愿听从老师家长的话等。表面上看，小贝是遇到了和同龄人一样的情绪困扰，但这正反映出他的心理发展变化，即自我意识已经开始发展。

我把这份欣喜反馈给小贝，小贝听了也很高兴。我又借机大力夸奖小贝的优点和进步，然后和他一起分析问题，引导他想办法解决。当他说出好方法时，及时表扬。受到表扬后，小贝更开心了！借此机会，我也提供了一些具体的情绪宣泄方法，建议他去尝试。这次，小贝又总结了自己的方法，如在心中默默数数，要摔东西就摔轻一些的，等等，并且仍然认真用笔写了下来。

家校合力，助其成长

在向班主任反馈时，班主任也感觉到小贝最近情绪波动比较大。于是，我和班主任老师一起邀请家长来学校沟通小贝的情况。

一见面，小贝妈妈马上紧张地询问："老师，小贝是不是犯什么错误了？""您别担心，小贝上初三后表现一直不错，只是近来好像情绪容易激动，还去找心理老师聊过，所以，今天我和心理老师一起向您了解一下情况。"班主任老师解释道。听了这话，小贝妈妈才放下心来，说："您说的没错，小贝现在经常跟家人发脾气，其实就因为一点小事，我正想问您怎么办呢……"

班主任也把小贝在校的表现告诉了妈妈，比如，认为同学说自己坏话，在班里大吵大闹，又如对老师要求做的事情不理不睬。这时，我们发现，小贝在家的表现和在学校很相似。

等小贝妈妈和班主任交流完，我向她说明了青少年身心发展的特点，情绪波动是外在表现之一。在这个阶段，家长需要多多理解孩子，接受孩子的变化。看小贝妈妈听得很认真，我又提示她，小贝的表现恰恰反映出他在成长，这是多么可喜的变化呀！妈妈豁然开朗，欣慰地说："真是太好了！我回家后一定多夸夸孩子，不再批评他了……"

接着，我建议班主任在班里召开青春期主题班会，不仅仅要引导学生包容小贝的表现，更是让每个孩子都意识到自身的发展变化，积极主动地自我调整，顺利度过这一时期。班主任深表赞同："这正是我想做的，还请心理老师多多指导……"

此后，小贝就一直没有再来心理辅导室了，我也没听到小贝乱发脾气的消息。毕业前夕，小贝的家长特意来到学校，请班主任老师代为感谢所有老师对小贝的关心和帮助。

关于"迟开花朵"的思考

小贝虽然心智不够成熟，但是他的单纯可爱赢得了老师和同学的喜爱。将近三年的相处，让我对这类特殊学生有了更加感性的认识，而第一次接待特殊学生的主动求助，更是引发了我的一连串思考。 该如何看待特殊学生群体？ 怎样真正帮助特殊学生？ ……

在学校中，身体残疾或患有心理疾病的学生无疑是一个特殊的群体，他们可能无法跟上学习节奏，显得与班级学习氛围格格不入。 但从个人的角度来讲，特殊学生也是个独立的个体，同样需要尊重、关爱，享有受教育的权利。 我们应当转变观念，从内心接纳特殊学生，平等对待他们，用心呵护他们。 当他们遇到困难时，给予适合的帮助。 班主任和心理老师更需要特别关注他们，以便及时提供帮助。

和所有孩子一样，特殊学生也是家庭中的宝贝，祖国的花朵。 除了学校教育外，家长要给予良好配合，发挥家校合力的作用。 同时，可以联合社会力量，比如让孩子参加社区活动，帮助孩子开阔眼界，增加体验，为他们今后顺利步入社会打下良好的基础。

让我们一起用心呵护这些迟开的花朵，也许有一天，他们会绽放出意想不到的美丽！

让爱被看见

冯梦寅

作为心理咨询师，我经常要面对很多学生和家长。一次小 C 的母亲很困惑地问我，老师，你说怎么才能提高孩子的效率呢？写个作业磨磨蹭蹭，我每天都盯着他，一再地催促，但他就是在那里磨磨蹭蹭，上个网课也是注意力不集中，我就不能离开他……而当我看到孩子的时候，孩子却说，老师我又不是犯人，我妈天天盯着我，稍有不如意，就是一顿念叨，什么为了你好，想当年我怎么样怎么样……真烦人。

这样的家庭对话在初中阶段并不少见，家长指责孩子到了青春期越来越难管，孩子回家不爱说话。怎样可以让这份关爱被看见呢？

特别是在疫情期间长期的亲子共处，使得很多家庭都出现了各种沟通问题，表面上是由于长期居家生活，而实际上的根本原因是几个问题没有处理清晰。

其一，孩子的内在需要没有得到发现和满足。孩子们处于青春期，生理和心理情况发生巨大变化，逐步具有更强的自主性和独立的个体意识。他们在面对父母时，经常会走两个极端，或是对父母的话置之不理，或是与父母争辩或争吵。父母与孩子之间的冲突虽然常见，但却不是不可调和的。

其二，父母与孩子间沟通缺乏方法。亲子沟通技巧缺乏，存在两个方面内容，一种是缺少必要的亲子沟通。比如，很多咨询过程中，孩子提到父母要么粗暴对待，要么玩手机，要么工作忙基本不见面，更谈不上交流。 另外一种是不会沟通，很多父母愿意和孩子们沟通，但苦于没有方法，所以，往往沟通结果不尽如人意。

其三，青春期碰到更年期，情绪管理不足。 还记得小 A 的母亲第一次到校咨询，没说几句，就提道："老师我可能也是人到更年期了，情绪也是不稳定，又赶上孩子青春期，家里简直是鸡飞狗跳了。"一方面我们看到这两种特殊时期的人们由于生理原因情绪不够稳定，另一方面我们也发现很多人给自己贴上了标签，认为我就是这个时期，情绪管理有问题是正常。 同时我们也发现，孩子的成长就像家长的镜子，孩子习得的情绪表达多半源于父母或直接教养人。

针对这些现象，我们尝试着开展了一系列工作。

心理戏剧，让爱被看见

还记得一次进行心理咨询时，我问家长，你最怕孩子说什么？ 家长的回答是：我们最怕孩子什么都不说。 这位父亲也尝试和孩子沟通，比如：学校生活怎么样？ 今天中午吃的什么？ 回答基本都是：挺好的，就那样。 很多来进行心理咨询的爸爸们也很无奈，觉得自己走不进孩子的世界。 类似的尴尬，在初中家庭里并不少见。 于是，我们组织了一场心理戏剧活动，首先帮助家长看到爱。 一位上海的 17 岁少年因为在学校与同学发生冲突，遭到妈妈的训斥，跳下卢浦大桥。 生命的消失、家庭的破碎，都在一念间发生了。 我播放了当时的一段影像资料，把家长们带回原来的场景，通过道具，模拟了孩子的葬礼。 很多家长都纷纷走上台，给孩子送上了一朵花，并且流下了伤心的泪水，情到深处，很多家长都在低语："孩子，妈妈错了，没理解你，但往后的日子妈妈怎么办？"还有的爸爸说道："希望你在那边的世界可以开心……"巧妙地运用心理戏剧的雕塑方式，给家长们一个吐露心声的机会。 之后的活动，我们仅仅是通过灯光、椅子、面具这些物品，打开了父母的心扉，让他们把原来内心的想法和最初的爱表达了出来。利用心理戏剧，我让家长发现原来爱是可以恰当地说出来的，也理解了孩子当时的心情。参加活动后的父母回家后都把那份曾经隐藏在心间的爱说出了口。爱是可以被看见的。

转换表述，让爱被听见

沟通的最终目的是为了解决问题，而不是争论对错。我利用沙龙讲座，讲解冰山理论，告诉家长调整肢体语言、表情，让孩子感受到我们的善意，一个微笑，一个鼓励的眼神，都可以拉近彼此的距离。通过转换语言的练习，比如把"你总是这样吊儿郎当，还有什么未来？"转换成"虽然这次做得不好，但总结经验，我们还有机会，下一次会做得更好"，从而减少孩子对我们的逆反心理。我还帮助家长运用声音的音调，去提升觉察力，改善亲子关系，在沟通中彼此感受爱。有的家长在反馈表中说道：参加了学校举办的沙龙活动，我忽然有了幸福的感觉，内心更加平静，也更有力量。

沟通是双向的。我们也努力教给孩子一些沟通技巧和方法。在初一上半学年的"看见期待，积极沟通"的课堂上，我会透过父母看似不太和善的语言，让孩子去感受父母的爱与关心，教给孩子们面对这样的情况，如何与父母沟通，如何表达自己的情绪与需要，学会协商与理解，改善亲子关系。孩子已经慢慢长大，也需要学会用语言表达爱。课后我请孩子们回去尝试应用沟通三部曲的方式和爸爸妈妈沟通。在第二次上课的时候，很多孩子都主动谈及，当他们明确说出自己的需求，而不是单纯用表达情绪的语言与父母沟通时，神奇的事情出现了，父母与孩子可以好好沟通了，没有一张嘴就吵架。看！我们的孩子多么期待与父母"好好说话"，爱终于被听见。

正向传递，彼此回馈爱

在《哈利·波特》中，有种神奇生物叫作"博格特"，它能够看透人的内心，变成你最恐惧的东西。而打败博格特的方法，就是使用魔咒将它变成一个滑稽的东西，你笑得越欢，它消失得越快。在心理学中我们管这样的方法叫作调动次感元。我们帮助家长和孩子们回忆一件令他们高兴愉悦的事情，如果对家庭旅游、亲子共同完成的美味食物、一起看的电影等进行了细致描述，就把图像放大、变亮，使画面更加丰富多彩，我们不断强化这个画面，找出内在感觉升起的地方，带着这些感受去摆脱负面情绪，回应彼此的爱。

针对家长的问题，学校师长论坛邀请美国正面管教协会认证的家长导师开展了"解密青春期养育——用沟通激发孩子的内在力量"的沙龙学习，教给家长"用倾听，代替唠叨；用共情，代替说教；用启发，代替命令；用鼓励，代替赞美"这四种激发孩子内在力量的方法。互动小游戏、角色换位体验、故事分享、正面管教工具箱等生动的体验式活动让家长们重新思考和孩子的关系，并学习和青春期的孩子正确沟通的方法。

亲子间和谐相处，是每一个家庭喜闻乐见的。2021年3月8日，孩子们用贺卡的方式主动表达了对妈妈的爱，有的孩子向妈妈表达了发生冲突后的歉意，妈妈也对自己的不冷静表达了悔意，亲子关系凭借这张贺卡得到了修复。正向传递，让我们彼此都能得到爱的回馈。

心心相印，携手同行

——家长教师协会实践案例

吴学宁

陶行知曾提出，真教育是心心相印的教育。教育的对象是富有思想、情感、个性的人，家校心心相印，才能实现办"真教育"的目标。水本无华，相荡而生涟漪；石本无火，相击而生灵光。年级家长教师协会把各方对学生的爱和关心汇聚到一起，家校携手同行，不仅利于实现全面育人的目标，同时也让学校教育和家庭教育立足当下，具有与时俱进的灵巧和生命力。

因爱而聚，为心赋能——心理绘画活动

家长教师协会的成立是因爱而聚，共同助力学生成长。学生的成长不仅在于成绩的提高，更在于内心的成熟和强大。青春，是一段独特的旅程。其间有晴空朗照，也有晦雨阴霾；有平川坦途，也有坎坷弯道。以往期中考试之后，老师们、家长们关注得更多的是分数，我们很少关心孩子们在考试周期面对生活难题时，是否感到困惑；在看到自己的努力换来的是挫败时，是否感到沮丧；置身于试卷与分数交织而成的巨网中，是否感到迷茫。出于这样的思考，家长教师协会在期中考试后开展了"体察内心，感悟成长——心理绘画活动"。有人说："人在一起是聚会，心在一

起叫团队。"这次活动中，学校、家长就如一支配合默契的团队，各司其职，用智慧的方式走进学生心灵，倾听他们的心声，让情感在色彩与光影中得以抒发，让改变在欢笑与泪水中得以萌芽。老师、家长共同以爱心、责任和真诚，引导孩子们与自己的内心和解，扎根于人生的沃土，从平凡的生活之中汲取向上的力量，沐浴阳光，坦荡生长。以下是本次活动再现。

班主任在班会课上介绍活动和参与方式。

过去的一段时间，你过得好吗？或许在生活与学习过程中，有许多大大小小的事情发生，或悲伤、或喜悦、或痛苦、或着迷、或难忘……

你感觉身边总是充斥着各种声音，有人希望你乐观向上、力争上游；有人希望你直面挑战、乘风破浪；有人期盼你就算心陷泥潭，也要处变不惊、优秀如常……而你关心过自己的想法与真实感受吗？

除了文字记录、找人倾诉、默默承受，还有哪些方式可以更加积极地表达内心，更好地处理你的情绪与调整自己的状态呢？

答案是绘画！绘画作为一种表达内心的方式，可以记录思想、活动、成就，表达自己的情感，进行沟通和交流。生有热烈，藏于常俗，让我们拿起画笔，静心聆听心灵的声音；让我们勇敢描绘，尝试与自己的潜意识对话。

绘画内容可以是：你近期的情绪状态与感受，生命中拨动你心弦的某个片段、某件事、某个场景或某个人，你对未来的美好愿景、对自己的期许……只要你忠于自己的内心来创作，就是好的作品。

体察内心，感悟成长。让我们一起拿起画笔尽情抒发、肆意表达！

之后，学校收到了来自全年级同学的 372 幅绘画，班主任在年级心理老师和本年级家长教师协会的指导下仔细解读和欣赏了每一幅绘画。 针对 14 幅负面情绪较重的绘画，我们及时联系家长，沟通多方情况，并为它们的作者安排了"附中心苑"心理健康咨询辅导，引导这些学生明确自我，掌握情绪管理方法，走出阴霾，重拾前行的信心。 另外，班主任老师们对各班绘画作品解读的相关信息进行梳理，通过期中家长会反馈给家长，共同倾听学生的内心，加强家校沟通。 学生、老师、家长，三者心心相印，一起面对"期中后"的各种问题。 心理老师从心理学专业角度将绘画按主题分为可爱治愈、面具之下、抽象表达、苦中作乐、诗和远方五大类，最后，家长教师协会选取了 11 位同学的作品进行了年级分享会。 这些作品既表达了青春期学生的内心深刻而复杂的想法，也凸显了成长过程中的不同主题。 分享会中，同学们彼此欣赏画作，聆听绘画背后的故事，感悟成长路上朋友、老师、家长的陪伴同行，汲取直面生活困境的力量。

把讲座开到心坎上——系列专家讲座

家长教师协会的工作需要求实求细，不仅要为家长参与学校教育提供平台，也需要根据家庭教育的真实需求，为其提供更多的教育资源。 "把讲座开到家长们的心坎上"是协会开展系列讲座的宗旨，希望在学生成长的每个重要节点都能为家长提供科学实用的家庭教育策略，引导家长树立正确的家庭教育观，这样才能形成教育合力，为每一位学生的成长构建更好的教育环境。 一学期以来，我们年级的家长教师协会举办了"请和孩子站在一起，打败问题；不和问题站在一起，打败孩子""守正出新，迎接挑战""陪伴成长，防患未然""如何培养孩子的自控力"，共四次专家讲座。 下面以"陪伴成长，防患未然"为例介绍。

第一步，问卷调查，用数据把脉。

"高二寒假，您最关注孩子的_____。""孩子期末成绩不理想，寒假你会采取哪种办法？""孩子寒假在家犯了错误时，您一般采取什么方式进行教育？"……在学期结束，放假之前，我们年级通过家长教师协会向家长进行了问卷调查，对高二阶段寒假家庭规划有了一个初步的了解。根据问卷数据分析，协会预估寒假期间可能会出现的问题有：家长给孩子大量增加学习任务，学生不堪重负，假期变成"小学期"；家长不能深入了解学生的学习情况，没有办法督促到"点子"上，流于唠叨、施压，影响学生情绪；部分家长走向另一个极端——完全放任自由，孩子假期完全抛开学习，形成不良作息习惯，影响下学期状态。

解决这些潜在的教育隐患，是家长教师协会举办这次讲座的目的。

第二步，讲座支着，有的放矢，防患未然。

学习上，家长教师协会建议家长跟孩子细致了解学校各项寒假作业，鼓励孩子制订自己可完成的计划目标。如果孩子还没定目标，家长要及时督促，避免寒假"一开张就欠账"；避免假期开始好久了，孩子的作业一点没动。寒假"查漏补缺"要根据孩子的实际情况安排。

在亲子交流上建议：包容孩子，先放纵两天不为过；家长先倾听，不要直接给命令；有耐心，不急躁；信任孩子，遇到问题要相信孩子；要就事论事，不上纲上线，不翻旧账，不唠叨。

假期不是又一个"学期"，别忘记给孩子"快乐感"。鼓励孩子在假期生活中发展爱好，一张一弛。鼓励孩子参与家庭活动，备年货，做家庭拜年视频，接待客人，准备家人礼物等，让孩子感受亲情。鼓励孩子参与家庭工作，打扫卫生，照顾宠物，采买食材等，让孩子承担家庭责任。

共度文化春节——"寻觅文化北京"家庭城市文化活动

走过不平凡的 2020 年，同学们迎来了期盼已久的寒假。政府向市民发出了"在京过年"的倡议。如何引导学生在京过一个有文化、有特色且难忘的春节？ 如何借此机会增进家庭亲子关系？ 家长教师协会在寒假期间组织开展了"寻觅文化北京"家庭城市文化活动。 学生和家人一起参与，携手相伴，寻觅文化北京。 活动成果形式多样，各具创意，可用VLOG、摄影、文字、实物等进行展示。 活动不仅促进了亲子沟通，还让学生和家长们增加了对"北京"的理解。 下面以高二（7）班小琪和高二（10）班小昊同学的文字记录为例。

正阳书局

小琪

"去哪寻觅文化北京呢？"妈妈说道，"北京的老城其实保护得并不完好，不少老城的土地上建起了高楼大厦。""咱们要想追忆老北京的人间烟火气息啊，还是得上砖塔胡同的正阳书局。"爸爸建议道。

迈入大门，我们便见到一座古塔。爸爸介绍说这是"万松老人塔"，因为悠久的历史使得砖塔胡同得名"北京胡同之根"。青灰色的塔身和正阳书局小院的氛围很搭，历史的韵味回荡其中，浸润身心，使人头脑放松下来。

正阳书局的书房不大，藏书却不少，鳞次栉比，老旧的木书架散发出一种独特的味道，伴着纸香扑面而来。除了塑封好的新书，这里的书籍大多是旧书。仔细翻阅，发现这书局不卖杂书，只卖跟老北京有关的书籍。翻开任何一本书，字里行间都在介绍着老北京的故事，老北京的人，北京话儿，北平四大近郊游记，北京的猫，北京城楼的建筑大全……泛黄的纸张给予了眼睛最大的舒适感，柔软的书页翻过时不会哗啦作响，指尖拂过表面，我的内心不禁泛起了用钢笔挥洒墨水的想法，实在令我欣喜。

沉浸在这些书籍里，我和家人很难再在意灰墙外的北京。古塔下，老树旁，木椅上窝着打盹儿的小猫，在这灰墙内，透过微黄的滤镜看过往的北京，我发现北京的"京"就在正阳书局。

小胡同里的"门当户对"

小昊

假期因疫情留在北京过年，与父母逛了逛学校附近的琉璃厂，同时领略一下北京文化。春节时的琉璃厂，由于商铺大多关张而显得冷清，我便建议逛一逛附近的小胡同。

除了热闹的节日气氛外，最吸引我的是民居大门两侧的一对抱鼓石。父亲说："这些鼓形和书箱形的石头就是我们讲的'门当户对'中的'门当'。在等级森严的封建年代，门前一对抱鼓石，那是功名的标志，无功名者门前是不可立'鼓'的。王府门前的门墩儿狮子头特大，文官用书箱形，武官用兽吻形。"我问父亲："那么'户对'在哪里呢?"父亲指向门楣上的一排短柱说："这些就是'户对'。门楣上或门楣双侧的砖雕、木雕。用短圆柱形，是代表了古人重男丁的观念，意在祈求人丁兴旺。"母亲接着说："'户对'的多少与官品职位的高低成正比。在古代，这些不起眼的抱鼓石或是门楣上的木柱是地位的象征，而如今上面的花纹和颜色都已模糊，只有它们背后的民居文化仍在焕发光彩。"

在这趟寻觅之旅中，我感受到，与琉璃厂这种商业街不同，小胡同是真正体现北京市井文化的地方。如果缺少了胡同、缺少了胡同里的四合院，也就失去了京城特有的城市标志、人文文化和京城人家的生活方式。文化北京不仅在故宫、颐和园、圆明园……更在百姓的生活里。

苏联教育家苏霍姆林斯基告诉我们，学校和家庭不仅要一致行动，要向孩子提出同样的要求，而且要志同道合，抱着一致的信念。家长教师协会不仅促成了学校和家庭之间凝心聚力的合作，而且合作方式灵活多元，利于家庭与学校的互动，家庭与学生的互动，家庭与家庭间的同伴互助。家校双方心心相印，与孩子们同行同成长，才能为他们共创美好的成长之路。

让美融入学子灵魂

遵循规律，育人以美

梁原草

我国是有悠久美育传统的国家，音乐作为教化人民的基本且重要的手段，可以上溯到两千多年前。20世纪20年代，教育家蔡元培提出以美育代宗教的重要思想。进入21世纪，社会和经济发展的新特点和新趋势，要求国家培养的人才不仅要有经济政治的眼光，还要具有美的眼光和有文化的头脑，因此，发展人的综合素质问题越来越引起重视，美育的重要性也日趋明显。对美育的关注，既是时代进步的表现，也是时代的迫切要求。中共中央办公厅、国务院办公厅印发的《关于全面加强和改进新时代学校美育工作的意见》中明确指出，美育能提升审美素养、陶冶情操、温润心灵、激发创新创造活力。要弘扬中华美育精神，以美育人，以美化人，以美培元，培养德智体美劳全面发展的社会主义建设者和接班人。

北京师大附中曾经是我国旧式封建教育向近代教育转型的"排头兵"，目前应该说也正经历着一种新的转型，即由传统型学校向全新现代化学校的转变。在实现这种转变的过程中，教育理念、教学方式的现代化是最根本、最深刻，然而也是最难改变的。学校在这样的背景和条件下召开美育工作会议，是十分必要、十分及时的。

转变观念，认识审美教育的重要性

美育又称审美教育或美感教育，它是通过文学艺术及其他美的形态对人施加影响，以唤起美感的方式来对人进行教育，其任务是培养、提高人的审美能力，帮助人们形成正确的审美观念、健康的审美情趣以及一定的审美创造力，以达到怡情冶性、健全人格的目的。

美育是素质教育的重要目标，是国家教育方针的重要内容，是立德树人的重要途径，它和德育、智育、体育、劳动等互相融合、渗透，而不是互相取代；应该把自然美、社会美、艺术美共同纳入美育的范围，由艺术教育、学科教学、校园自然、人文环境和学生的社会实践结合，构成学校美育的整体。 艺术教育是学校美育的主阵地，但光靠几门艺术课是远远不够的，美育任务的完成，还应该由各学科的教学、校园环境、校园文化的建设来共同承担。 必须纠正审美教育就是"艺术教育"的错误观点。 艺术固然比较集中且比较典型地表现了生活中的美，也比较充分地反映了人们的审美判断和审美理想，但是，审美教育的内容并不限于艺术。 自然美、社会美，特别是社会美，作为审美教育的内容，其作用是不应低估的。

美育对人的影响是根本性的而且是多方面的。 概括地说，主要有这四方面。 第一，培养审美能力。 美育能培养学生对感性世界无限丰富的形式和内涵意韵的感受能力。 第二，培养人体验人生的意义、价值的能力。这有别于科学的认识——发现本质规律，得到知识体系。 可以说，审美能力即体验人生的能力。 第三，培养想象力和创造的欲望。 审美即发现，发现即创造。 审美的核心是要创造审美"意象"。 很多的想象力的培养靠的是美育。 智育主要是培养人的逻辑推理能力，而美育培养人的想象力和洞察力，培养人的形象思维，发掘人的右脑潜能，培养广泛的趣味、宽阔的胸襟和人文品格。 审美是超越功利的，对人成就事业有很大作用，这已得到现代心理学的证明。 除了智商，情商正日益受到人们的重视，仅仅考试成绩高，不一定就能成就大事业。 第四，培养人的群体意识和对个性的尊重。

总之，美育能够从多方面提高人的素质和文化品格，促进人的全面发展，而且能够丰富人生的价值，提升人生的境界，在整个教育体系中，有着独特的地位和功能。

积极探索，追求教学过程的审美化

美育的实施，不等于开设几门美育的课程，而应贯穿在全部教育环节中，贯穿在学校所有学科教学中，贯穿在学科教学的全部教学过程中。审美化的教学过程是学校美育的自然延伸和纵深发展。它是以审美理论为依据，在遵循学科教学规律和特点的基础上，潜心挖掘和艺术把握教学活动中蕴含的各种审美因素，将教学内容、教学方法、教学手段和教学环境等转化为可供审美的对象，使整个教学活动成为教学内容的内在逻辑美与教学外在形式美、静态和动态和谐统一的有机整体，从而大幅度提高教学效率，减轻学习负担，使师生都充分获得身心愉悦和美感体验的一种新的教学过程。教学过程审美化的内涵包括教学目标、教学内容、教学形式、教学方法、教学手段、教学途径、教学环境、教学评价等的审美化。这些审美化的实现，又要求教师进行教学观念和知识结构等个人素质方面的审美转化。

结合学校的实际情况，我认为，应该在如下四个方面提出明确要求，作为我们教学审美化的现阶段努力方向。

教学目标上，教师应着力培养学生健康正确的审美观。审美观是人们对美丑的基本观点，它是世界观的一个组成部分，也是学校美育的一项重要课题。学生只有正确理解和判断美丑，才能不断提高他们鉴赏美的水平。当前，学生中比较普遍地存在着审美理想模糊、审美趣味不高的现象。透过这一现象，我们能看到整整一代人审美情趣的跌落。这显示了培养学生健康正确审美观的紧迫性。

教学形式上，教师应着力追求课堂行为美。内容包括整洁得体的衣着、美观规范的板书、自然亲切的教态、简明生动的语言、真诚热烈的情感、优雅大方的举止等，更重要的是尊重学生的自主性、创造性，关爱后进学生，建立平等、和谐的师生关系。

教学内容上，教师应着力挖掘各学科所蕴含的审美元素。无论是自然科学还是人文科学，每一门学科都蕴含着许多审美因素。教师应对本学科中的各种审美因素做出相应的体验和评价，并感染学生，使之以审美观点来认识和学习；教师要力求做到利用学科自身的魅力来吸引学生。一般认为，人文学科中的审美元素比较直观和外在，相对也比较丰富。其实，在高明的科学老师眼里，科学一样具有诱人的美感：一种反映客观物质世界的本来面貌、揭示事物运行规律的美——以简洁、对称、统一、奇异为特征的科学美，它甚至比艺术的美更博大精深！另外，科学家追求真理不断探索的崇高信念，也是社会美的生动材料。在科学课程中，通过揭示科学审美精神来陶冶学生的情操，要求教师对课程内容中所蕴含的审美精神有着深刻的领悟，在讲解科学概念、科学定理、科学公式的过程中，适时地讲述科学家们在论证那些概念、定理、公式时所走过的审美历程，并把自己对科学审美的态度与信念传感给学生。做到这些并不容易，但十分必要。因为科学课程的审美教育价值最终是靠教师来实现的，学生的审美精神需要教师的精心培植才能顺利成长。

教学模式上，教师应着力追求教学方法的审美化。就是教师按照一定时代的审美意识充分利用媒介的审美因素，向学生施以审美影响，从而开启其内在情智的一种最优化的教学艺术。运用审美化的教学方法，能在很大程度上化抽象为形象，化平淡为神奇，化枯燥为生动，使教的活动成为审美对象，学的过程充满审美享受。具体说来，应该包括以下四个方面。

第一，教学方法的科学性。不科学，就谈不到审美。不妨以语文为例。语文本是审美元素最丰富、审美要求最强烈的学科，但长期以来，语文教学中过分强调语文学科的工具性，侧重教学的技术性和可操作性，以大量烦琐机械的知识讲解和训练，将原本充满人性美且最具趣味性的学科，变成了枯燥乏味的技艺之学，变成了僵化烦琐的解题技巧训练。 过分注重语法、逻辑、修辞等理性的东西，过分注重起承转合、前后呼应等结构技术的训练，使最具情感性和人文意味的作文教学，变成了简单的语言文法和写作技巧的操练，在这种三段论、八股式的作文中，写作者的真情实感不再重要，哪怕是编造故事虚构情感，只要符合教学和考试的需要，就能获得不错的分数。 此外，为了体现教学手段的现代化，课堂上为媒体而媒体，形成声像的集中轰炸，用声像的欣赏，代替语言的品味，以屏幕画面，代替语言文字创设的意境等形式主义的过度表演，使语文课完全变味。 重分析的方法，忽视整体感受和综合的方法，各种"分析"使得语文支离破碎。 这些不科学和伪科学的方法，严重伤害了语文教学对学生审美感受力、审美鉴赏力、审美创造力的培养，严重制约了语文教育的发展和学生语文能力的提高。

第二，教学方法的多样性。 教学方法的单调重复、千篇一律，会破坏审美注意的指向性，容易引发学生的逆反心理。 教学方法审美化要适应学生对多样性、新奇性追求的心理，及时为学生提供新鲜感觉。 如一堂课内，教师应时而启发提问，时而直观演示，时而组织讨论，时而进行趣味对话，时而指导操作，时而开展小型活动，时而布置新颖的练习等，应使学生在多种美的感受中保持最佳情感状态，唤起强烈的求知欲望。

第三，教学方法的形象性。 教师要善于运用形象直观的教学方法，把知识讲得生动具体、有血有肉，给学生以如临其境、如闻其声、如睹其状的美感。 应借助多种艺术形式（诗歌、绘画、音乐等）去启发学生思维和想象力，使语言、手势、板书、教具等各种教学手段密切配合，以增强教学的形象性和直观度。

第四，教学方法的创造性。 包括教给方法，实现知识迁移；质疑问难，诱发创造潜能等。

锐意改革，开创艺术教育的新局面

毫无疑问，艺术教育是学校美育的主阵地，无论是对学生正确审美观的引导，还是对学生审美鉴赏力、审美创造力的培养，艺术教育都要比其他学科来得更直接、更集中。我校的艺术教育具有优良传统，近年来更是取得长足进步，成就有目共睹。但是应该看到，我校艺术教育与许多高水平的学校，与我校真正一流名校的发展目标，尚有不小的差距。我们不能满足于现状，我们还大有提高的余地。我们认为，要进一步提高我校艺术教育课的水平和学生的艺术水平，促使我校艺术教育迈上一个新台阶，必须切实处理好以下几个方面的关系。

国家课程和校本特色的关系。我校是较早开齐、开足国家规定的艺术课程的学校，艺术教育的行政管理和教务管理也按照国家有关规定实施，应该说效果是比较好的。但停留在这个水平上是远远不够的。我校有良好的艺术教育硬件设施，有兼通绘画、书法、篆刻的高水平美术教师，兼通声乐、器乐的音乐教师，还有受过良好专业教育的舞蹈教师和工艺美术教师，这既是我校艺术教育的基本条件，又是我校艺术教育的特色条件。如何把这样的条件有效地转化为教学实绩，真正形成我校艺术教育的特色，需要认真考虑，拿出切实可行的计划方案。

艺术欣赏与艺术实践的关系。国家艺术课程标准明确倡导艺术赏析与艺术创造相统一的学习方式，这种学习方式既包含了在互动交流中对艺术作品的欣赏、探究和思考，也包括了学生主体创造性的表达、制作和展演。学校艺术教育的终极目标是育人，促进人的全面发展，而艺术教育只有实现了学生审美创造能力的培养，才能说是完成了教育目标，这是由艺术教育本身的特点所决定的。唱歌、跳舞、演奏等过程都是学生创造美的能力培养的过程，一遍遍地修改、练习都是对艺术形象的再创造，在这个过程中，学生创造美的能力通过多次的锻炼、提高，其情感在创造过程中也得到了陶冶。 根据上述要求、宗旨及我校艺术教育现状，今后一个时期内，我们应该把艺术实践活动放在一个比较重要的位置，课堂上适当加大实践的比重，让学生有更多机会在课堂上真正动手、动笔、动嘴。

普及与提高的关系。 也就是整体授课与专门队伍建设的关系。 提高整体授课质量，提高每一个学生的艺术水平，这应是学校艺术教育的重心所在。 整体水平上不去，提高也就难以实现，实现了其意义也非常渺小。 但是，如果没有几支训练有素、水平较高的专门化队伍，不仅与我校的地位声誉不相符合，形不成我校的基本特色，还会反过来制约我校艺术教育整体水平的提高。 我们还要积极参加市、区艺术节，要为市、区学生艺术文化的发展做出贡献，也要为北京师大附中争取荣誉。 因此，我们要在注重大面积授课训练的基础上，下大力气建设几支专门化队伍，精雕细刻，着力培养。 这需要在招生计划、培养体制、训练方式等方面统筹规划；但我们首先必须有一个比较明确的，既充满勇气又切合实际的阶段目标。

技能技巧与审美想象力的关系。 普通学校的艺术教育不同于专门院校，重在训练学生的艺术审美感觉、审美想象力而非艺术的技能技巧；但是，感觉和想象力的养成又要以一定的技能技巧为基础和必要途径。 所以，艺术技能技巧的学习在艺术教育中仍然占有重要地位。 这样，在课堂上进行一些艺术基本功的学习训练就必不可少。 即使在欣赏课中，教师也应该积极介入，包括精心备课，适当讲解，必要示范等，而不应把欣赏活动简单化、程式化。

以上几方面关系，是结合我校艺术教育的现状、发展要求和学生的需要、愿望等情况，提出的亟待解决的问题，并不是对艺术教育工作的全部要求。 其他诸如课内与课外的关系、学生兴趣与学校要求的关系、学生水平与教师专业发展的关系等，都必须引起我们的高度重视。 此外，教师的敬业精神，学校对艺术工作的指导管理水平尤其是课堂监管力度等，也还有很大的提升空间。

美的教育需要有懂得美的教育者，它要求的不仅仅是专业知识，更是一种文化底蕴。我校老校长刘沪多年前曾在《中国教育报》撰文，指出美学应成为教师的必修课，这是一种独具眼光的卓见。为了北京师大附中的美育工作，为了学生的全面发展，让我们共同努力。

走进敦煌文化之美

——美术教学中的中华优秀传统文化课程的创新尝试

段　超

　　我国的优秀传统文化是一座宝库，我们从任何角度去发掘它的价值和意义都会有丰富的收获。从教育的角度来说，优秀传统文化的价值也更加高远。我相信，如何通过学科教学的方式，整合优秀传统文化资源，发挥其教育作用，尤其是德育方面的教育作用，是许多老师常常会思考的问题。

　　我对此也有些许思考，但一直是浅尝辄止，未有过深入的实践和总结。其原因在于，一方面，优秀传统文化博大精深，我稍加涉猎，便发现其深不可测，而后在教学实践中刚一接触，便自觉不尽如人意，从而失去更进一步尝试的信心。因此，我总是想再"拖一拖"，待自己深入学习、提高后再攀高峰。然而，我做此决定后便总是石沉大海再无后续。另一方面，美术学科教学内容丰富多样，教学资源充足，所以我们很少去触及难度大，效果又无法预测的尝试。优秀传统文化这座高峰就此被我搁置。

　　然而随着美术教学改革的推进，以及国家和社会对优秀传统文化日益加深的重视程度，优秀传统文化与美术学科教学的整合日益迫切。我也开始了在美术课堂教学中用优秀传统文化来"创新"的实践。

　　我国虽不缺乏经典的优秀传统文化资源，但如何传承与创新一直是难题。学生对距他们生活时代遥远的古代文化和艺术作品常常是既感到陌生，又在理解层面上有困难，所以学生在学习此类知识的过程中很难有持续的兴趣。

"试水"敦煌文化教学

为此，我大胆尝试将优秀传统文化的内容与今天学生的生活实际结合起来开展教学。比如，在敦煌文化的课程中，学生在学习了敦煌美学的知识和技能后，我开始引导学生用敦煌元素为他们今天的生活进行创新设计。

过去，学生学习敦煌文化时，一开始还能感到新鲜有趣，但是随着对其的深入探索，逐渐就没了兴趣，单纯的技法学习不但不会帮助学生深入了解优秀传统文化，反而抹杀了他们对优秀传统文化的求知欲。这次我带领学生掌握了初步的知识和技能后，就立刻开始创设情境引导他们进行自主创新，搞"创作"。

课堂上我向学生提问："同学们画了这么多精彩的敦煌美术作品，大家是否想把自己的作品展示出来，让更多的同学有机会感受敦煌之美呢？我们一起在校园中办一场'校园敦煌画展'吧！办展览我们要做些什么准备呢？"

学生们听我这样一说，立刻来了劲头，纷纷说道："要布置展览的环境，一定要有敦煌的'范儿'。""要设计宣传海报，吸引同学们来看。""我们还可以设计门票，来看展览的人一定要出示我们设计的门票。"看到他们积极的反应，我顺势提出了新的课题——请学生们为"校园敦煌画展"设计门票。面对这样一个真实且实践性强的项目，学生们的创作动力一下子就上来了，本已快失去的学习动力又回来了。

为了进一步加强学生的创新动力，我提出设计好的门票要进行评选，评选出的最佳作品将会在展览中正式使用。学生们听完果然更有动力了，有动力的学习项目自然会产生良好的结果。学生们为了设计好这张门票，动了不少脑筋。有的认真查找资料，寻找最适合用于门票设计的敦煌绘画素材，有的研究起各大美术馆的门票设计，还有的使出全身解数搞创意，希望自己的作品能以创意征服大家。这张小小的门票，引爆了大家对敦煌文化的热情。学生对敦煌文化进行了主动学习，完成的作品自然也非常美丽。

创新推进

学生们设计好门票后，我再次提出了新的问题："有这么好的门票，看来我们的展览是一定要举办的了。但是我们之前创作的作品有足够的吸引力吗？能支撑起一次高水平的，给观众留下深刻印象的画展吗？"这个问题一提出，有些学生就开始担忧了：既然办了这个展览就不能搞砸了呀。

于是我又开始出"主意"了。我接着说道："敦煌除了有大量的绘画以外，还有建筑、雕塑、舞蹈等多种美术门类的作品。那么我们光展出画作似乎不足以全面表现敦煌的美。我们能否再准备些与众不同的作品呢？"这个问题一提出，学生们又犯难了："什么样的作品能把敦煌的作品以与众不同的方式呈现出来呢？"这时，我拿出一本关于唐卡的经典立体书，请学生们欣赏。学生们看到这本立体书立刻来了灵感，跃跃欲试，准备创作一张立体画。

就这样，学生们开始了新的创造，为了能成功地创作出立体作品，他们又开始认真地学习起立体书的原理和表现技法。掌握了基本的技能后，学生开始利用前期积累的敦煌美术知识和技能进行创意绘画。有的学生用纸艺技法加上绘画，制作出敦煌的建筑；有的学生把敦煌壁画分出多个层次，制作成敦煌绘画主题隧道书；还有的学生使用立体结构，把敦煌舞蹈和雕塑表现得栩栩如生。

一件件充满创意又承载着满满敦煌文化的艺术品呈现在我的面前，每一件作品的完成度都大大超出了我的预期，这些作品已经不局限在"画展"上了，我们要办的，应称得上是"校园敦煌艺术展"了。学生们看到其他人的作品都那么棒后，纷纷表示惊叹。

在传承中创新，在创新中传承

这次实践让我深深地感受到创新对传承是多么重要，优秀传统文化的学习与传承只有结合具有创造力的形式与情境，才能真正吸引学生在优秀传统文化的海洋中自由游弋。

单一的继承或完全的创新都不是对优秀传统文化内容进行深入学习的完美过程。教师首先应该对优秀传统文化中的经典和核心内容有全面的了解和掌握，其次要正确引导学生创造，从而在新时代赋予优秀传统文化新的生命力，使之继续焕发出生机。所以在课程的具体设计中，我在最后阶段加入学生为展览设计门票的课程，鼓励学生用所学知识以及自己对敦煌文化和美的理解，进行创造性的实践。另外，我针对敦煌的很多艺术作品都以立体形式呈现的特点，设计了"立体敦煌"的课程。这两节课都是为启发学生的创新精神而设置。

这次创新体验，让我尝到了利用创新推进优秀传统文化传承的甜头，让我体会到无论是教师还是学生，在学习和教授优秀传统文化时都要有创新意识。这样我们宝贵的优秀传统文化才能焕发新的生命力，继续发扬光大。

在遇见的那一瞬间

齐　峰

《遇见》是北京师大附中金帆舞蹈团的经典剧目，曾代表学校参加北京市第二十届学生艺术节并获得金奖。本剧从开始构思到最终呈现，历时半年，其间倾注了舞蹈团每一位成员的无数心血。一百多个日夜中，服装、道具、音乐、编舞、排练……每一件事老师们都亲力亲为、精益求精，最终打造出了属于北京师大附中自己的经典原创作品。

初　心

一直以来，北京师大附中舞蹈团的作品编创都秉承着"以舞创美、舞育人生"的建团宗旨，旨在通过艺术的手段提升学生的审美能力和综合素养。在创编《遇见》的过程中，我们坚持并发扬了这一传统，将"美育"的理念贯彻始终。在创排的过程中，我们会鼓励学生去主动探索作品的文化背景，了解敦煌文化的内容和精髓；带领她们感受古典文化的瑰丽与博大精深；希望提升学生的美学修养与感悟能力。最终，通过作品的编排以及舞台上的精彩演绎，学生们对敦煌文化有了初步认识和理解，并对博大精深的中华传统文化产生了浓厚的兴趣和向往。

人类对美的欣赏和感受是有不同层次的。其中既包括"具象"方面的，如外在的感官体会，也包含"抽象"方面的，如内在的情感联想及意境感悟。 在创编《遇见》的过程中,我们针对不同审美层次的需求,精心设计,逐步展开,层层递进,力求创作出能够使人寄托心灵、常看常新的优秀作品。

作品构思之初,我们希望找到一个既符合中学生年龄层次,又体现社会主流文化价值取向,更能给予人们情感共鸣的主题。 最终,作品的主题被确定为"传承"。 "传承"二字,不仅代表了对美好事物的热爱与保护,也体现了传承人的坚持与担当,更包含了使古老事物焕发新生命的创新精神。 通过对这个主题的演绎,我们希望学生们能够了解、传承绚烂的民族文化,传承千年的艺术瑰宝,是荣耀,是幸运,也是他们作为当代青年所不容推辞的使命,更是他们拥有文化自信、艺术素养的基础。

立 意

主题确定之后是选择作品意象。 敦煌文化,是中国古典文化中最具有标志性的文化符号之一。 它是中华文明与古代印度文明、波斯文明、希腊文明等多种文化融汇和碰撞的交点,是传统文献的宝库,更是东方古典艺术的殿堂。 因此,我们选择了敦煌文化中最具代表性的元素——敦煌壁画作为作品的主要意象。

创作的初期,老师和学生一起探究:曾经辉煌灿烂的敦煌文化如何在日新月异的时代下得到继承与发扬? 能否把敦煌文化从历史引向未来,用艺术的力量让其焕发新生? 是否可以跨越时间的维度,用舞蹈的方式激活壁画,带领人们重温那美好的历史瞬间? 带着这些问题,我们开始收集查阅大量的图片、视频和图书,从中汲取创作灵感,并最终确定了作品的主线大纲:

《遇见》将以发现敦煌之美、传承敦煌之美为创作理念,将敦煌莫高窟壁画中美轮美奂的艺术形象转换成具有一定欣赏性与传播性的舞台艺术表现方式，以跨时空对话的叙事手法展开故事，利用道具拉近独舞与群舞之间的关系，通过舞蹈艺术的视角讲述敦煌故事，弘扬敦煌文化，传达敦煌精神。

诞　生

创作主线确立后，故事、音乐、编舞、服装、道具、排练等具体工作也紧锣密鼓地展开。首先是故事情节的设计。《遇见》讲述了一名中学生为了心中向往的神圣净土，跋山涉水来到举世闻名的敦煌石窟。精美动人、技艺精湛、巧夺天工的壁画深深吸引了她，引领她走进了灿烂辉煌的艺术殿堂。突然，壁画上的人物复活了，她们有的身系彩带，漫天遨游；有的舒展双臂，翩翩起舞；有的反弹琵琶，银弦轻拨。中学生被眼前的画面深深震撼，心灵的触动油然而生。一位飞天仙女缓缓走向学生，将身上的披帛交到她的手中。这一瞬间的遇见是跨越时空的心灵交流，传承的力量就在此刻被深深地根植于内心，敦煌文化的精神也将得到一代又一代的继承与发扬。故事中辉煌的敦煌文化与当今少年学子的遇见，隐喻着悠久的中华文明与现代中国的遇见，也象征着古老与年轻、厚重与活力的遇见。这样的"遇见"，将会碰撞出传承与借鉴、创造与发展的火花，将会激发出文化自觉、文化自信和文化自强的坚定信念。

根据故事情节的展开，舞蹈中设计了独舞和群舞两个段落。独舞以现代舞为主要元素，体现了当代中学生的活力和追求；群舞则基于敦煌舞的语汇，刻画了代表和象征敦煌艺术的飞天形象。敦煌舞中独有的造型曲线，是其区别于其他各个舞种的标志性元素，却与飞天的美丽形象完美地契合，牢牢地吸引着人们去发现、体悟其中无可言喻的美。通过塑造富有美感的飞天形象，构建栩栩如生的舞蹈情境，呈现壁画人物的手型与姿态，《遇见》将辉煌灿烂的敦煌文化内容无声无息地渗透进了舞蹈，无形之中拉近了学生与敦煌文化之间的距离。 从壁画延伸至舞蹈，又用舞蹈激活了壁画形象，学生们在广博的敦煌文化浸染中，感受着它的魅力与生命，在体验传统古典韵味的同时，也提高了对美的感悟以及对文化的理解，在心中埋下了保护、传承与发扬敦煌文化的种子。

动作创编的同时，其他工作也在紧张地进行。

为了表现出大漠的苍茫和时空的交流，舞蹈音乐融合了琵琶、驼铃等元素，营造出神秘而悠远的氛围，使人的心灵受到震撼和荡涤。 可以寄托心灵的舞蹈就是最美的舞蹈。 作品高潮处那厚重而绵长的韵音，会使人心底不由冒出几个词——热爱，依恋——那代表着千万年来的华夏儿女，对这片赖以生存的黄土大地深深的眷恋和难以割舍的情缘。

为了在同一个舞台上展现出不同的时空，我们设计了道具"长长的纱幔"。 纱幔的运用是《遇见》的一个亮点，也成为这个剧最具代表性的特征。 在作品开端，纱幔营造的是大漠茫茫的环境；进而，它变成了时间空间的分界线；最后，它是飞天身上飘起的长绸。 纱幔搭建起了古今文化交流的桥梁。

孕　育

如果说，作品的编创是一颗种子，那么剧目的排练，就是将种子播撒，培育出盛开的花。 学生们在百余个日夜间无数遍地练习，动作从生疏到熟练，不仅收获了技艺的提高，更体验到坚持的魅力；一遍遍地调整队形，一次次地纠正动作，一次次地打磨细节，老师传达的不仅是对作品、艺术的严格要求精神，更是精益求精的人生态度。 敦煌舞特有的S形曲线造型，是其他各个舞种中都没有的，对于初次接触的学生来说，难度很大。 但即使身上、膝上的瘀青按天数褪成深浅不一的颜色，也没有一个学生退缩，她们只是笑笑，说那是很酷的勋章，就继续投入紧张的训练之中。 此时，她们遇见的不仅仅有优秀的中华传统文化，更有自我的成长。相较于技术动作，这支舞蹈中更难把握的是飞天人物的神态表情。 清秀、端庄、祥和而又慈爱的微笑对于中学生来说理解起来显然困难重重。 为此，老师们带领着学生，深入学习和了解了飞天形象的演化及其原型形象在各自文化背景中的传说与寓意，进而理解不同时期飞天形象的不同姿态和意境、风格和情趣，以及其演化发展同敦煌文化发展的内在联系。 此刻，传承已不限于外在形制的模仿，更是深入到文化精髓和精神的继承与探索。

绽　放

"天道酬勤" "机会永远属于有准备的人"，当老师们付出了全部的心血，当学生们贡献了全部的热情，当作品被反复打磨到极致，当一切的条件都准备充分，最终呈现的效果又何须担心？ 演出当日，一舞终了，纱幔在空中缓缓飘落，演员在"壁画"上定格，现场响起雷鸣般的掌声。 在北京市第二十届学生艺术节舞蹈展演中，《遇见》以堪比舞剧的表现，赢得了全场观众的惊叹！现场的评委老师更是对其传承中华文化的深刻寓意和大气磅礴的舞台设计赞叹不已。 而对于台上同学们"曼妙而一致的舞姿、气息运用的韵味、对音乐的精准把握及内心体验的全面展现"更是给予"美轮美奂"的高度评价："很难想象，中学生的舞蹈，能够体现出如此的'遇见'，真的让我们全场观众目睹了精彩的敦煌文化！今天北京师大附中同学们呈现的舞蹈，满足了现代人对敦煌神女的所有想象！"

感　悟

然而，相较于评委的高度赞誉和艺术节金奖的荣耀，我更欣慰于学生们在演出后写下的感悟。

如梦似醒中，我渐渐懂得了舞蹈的生命所在，学会了欣赏舞蹈的内在，注重发现隐藏在其中的内涵……

我们的努力，像是在对优秀中华传统文化致敬。我们鞭策自己，也告诉他人文化传承的厚重情缘。我们让那些飞天之女不再遥远暗淡，让她们由天国，降临人间，永远活在人们心中，不断地给人们以启迪和美的享受。

学生们的舞蹈承载着学校的文化传承理念，完美展现了老师们的悉心教导和精美设计。孩子们，你们是面向未来，连接文明的最美使者。

在驼铃阵阵的漫漫大漠，这是我们的《遇见》，这是最美丽的邂逅。

以美育心，以心鉴美

张迎红

上午第五节课的铃声一响，我结束课程，抓紧收拾画具。已经是12：15了，经过一上午的学习，学生们已是饥肠辘辘。大家都忙着取饭就餐。一位女生站在我的旁边，从兜里拿出一包零食，放在我的手里："红老师，谢谢您！"这突如其来的一幕让我手足无措起来。"小玉，谢我什么？""红老师，感谢您每堂课给我带来温暖！现在是初中的最后一学期，我担心以后不能继续在北京师大附中读书，来不及和您说谢谢。"看着她真挚的目光，我不禁张开怀抱，搂住这个小女生。

一只"孤"雀

小玉走进我的视野，还是在初二的一次学画花鸟画的课堂上。作业设置有难易两个层次：画菊和画麻雀。画菊是本课的主要教学内容，相对易于完成；画麻雀的目的是增加画面的层次感，需要画在画面的空白处，麻雀的勾线成形和水墨润染难度相对要大一些。课上，孩子们大都忙着勾画菊花的形态，或为上什么色而忙碌。

我在学生中巡视、辅导时，看到有一个女孩不动画笔，只是静静地坐在那儿。我好奇地走过去，想询问她是否对本课的绘画主题不感兴趣，抑或是因其他原因而不动画笔。这时，旁边的学生告诉我："老师，她画完了。"我发现那个女孩把手盖在画纸上，头扭向别处。 透过她的指缝，我看见画纸上半部分有只鸟儿的形象。 "你学得可真快！老师再教你一种姿态的麻雀吧，这只麻雀就不孤单了！"我轻抚了一下女孩的后背。 旁边的几个学生一听说老师要再画一只麻雀，也凑过脑袋一起看这个女孩的画，看过后都啧啧称赞。 无意间，我瞥见女孩眼里有泪，但我假装没看见，只是示范。 我一边画，一边想刚才自己说的哪句话触到了女孩的小心灵，一边掏出一张纸巾，悄悄塞到女孩手里。 接下来的作业展示部分，我大声地表扬女孩的作业，并在全班展示。 我能看出女孩虽然还是没有什么表情，但目光里已多了一丝光彩。 那时，我记住了她的名字——小玉。

　　课后，我从班主任处了解到，小玉的父母在她小学阶段时，因为离婚大打出手，之后小玉就不爱说话了。 初一入校后，班主任都没听她说过几次话，她也不和其他同学过多交流。 小玉的妈妈对女儿的情况很担忧，但因小玉的成绩在班级里算中等，说明学习方面没有问题，妈妈也就没放在心上。 我想，也许是我话中的"这只麻雀就不孤单了"触碰到了她内心的伤痕。 后来在课堂上，我对小玉更关注了。 我告诉她美术教室每天午休时都开放，老师随时欢迎她来。 中午的美术教室充满了热爱绘画的孩子们的欢声笑语，小玉渐渐融入其中，她绘制了许多有趣的形象。 虽然她依旧寡言少语，但是我能够经常看见她的笑颜。 之后，在完成"我给老爸、老妈照张相"的作业时，她的妈妈在照片的空白处写下了：谢谢红老师。 我一下感到，美术教师给予学生的关爱也是如此重要！

　　虽然美术课不能直接帮助学生提高考试成绩，但是做为教师的我可以帮助学生通过学习美术表达的技巧，进入美的世界。 美术课能让学生通过向往美好事物，形成自己的理想，最终达到以美育心，以心鉴美的育人作用。

"画"说情绪

时间转眼来到初三下学期，课上同学们神色严肃，从前在课堂上特别活跃的王宁也懒得说话。听说，自负聪明的他，期末考试的成绩在全区排名并不理想，他整个寒假都在忙着补课。连这样的"小折腾"都有着紧张和焦虑，看来，初三学生的心理压力不小啊。

为此，我再次翻看一些有关艺术疗愈和绘画心理学的书籍，从美术课堂教学的角度，我将艺术疗愈活动融入常态美术课堂，从而预防和调控学生的心理状况，以此达到以美育心的作用。

学生们初看 20 世纪的表现主义绘画时，都不喜欢，认为它怪诞，看不懂，并且抵触鉴赏这样的作品。我针对表现主义绘画的特点，根据初三学生的年龄特点和接受程度，以及因学业压力大产生焦虑烦躁的情绪现状，引导学生鉴赏表现主义画家，运用怪诞的艺术形象表现内心情感。

课堂上，我特意解读了挪威画家蒙克的艺术观点——"真正的艺术作品来自人类内心世界"。蒙克要描写的是那种触动自己心灵、眼睛的线条和色彩，不是画自己所见到的东西，而是画自己所经历的东西。"小折腾"王宁听后一副若有所思的模样。

接下来的课堂实践，我要求学生在较短的时间里，尝试用色彩、线条等艺术语言进行艺术创作，以表现某种情绪或气氛，并在其中感受自己的心理变化。我鼓励他们在作品中大胆地抒发自己内心的情感。因此我营造出安静的课堂气氛，静静地走到学生们中间，关注他们的创作。

经过王宁身边时，我故意慢下来，俯下身，问他："能告诉老师，你用这些锯齿状的线条想表达什么吗？"王宁叹了口气，说："老师，我的生活真是太难了！我能不说话吗？""可以，以你舒服的状态表现就好。"

我想，每一个人都有心理防御机制。我不是心理老师，我能做的只是鼓励学生以画观己，绘画创作的目的在于满足自我想象，满足自己与他人交流的欲望，满足自己宣泄情感的需要。毕业年级学生在考试的压力下情绪激动，思想上比较纷乱的时候，引导他们创造一幅美术作品，往往比引导他们用语言描述情绪更顺畅。

下课铃响，安静的课堂就似解除了咒语一般，学生一下子活跃了起来。王宁夸张地模仿着《呐喊》中的人物形象，跑到我身边说："老师，我懂您的意思。放心吧，我没事！"

我想，这句话，是对这堂课最好的教学反馈。

以心创美

初三的美术教学，不仅设置了绘画创作课和艺术治愈课，还有主题活动课。在"印象派绘画"这一课上，我和学生一起欣赏、了解了印象派绘画的特点和影响力。在布置课堂作业时，出乎同学们的意料，我拿出了大大小小的各色丝巾，当同学们一头雾水时，我出示了四幅莫奈的作品，请学生根据作品的色彩感受，进行服饰装扮，并进行作品特点进行解读，由我来做专业点评。同学们左顾右盼，推选活跃的同学做模特，每一组都有几个女生围着被选出的同学进行装扮，其中就有小玉，她拿着挑选出的丝巾进行着包裹或缠绕。学生们渐渐发现身边的书包、笔袋、水杯等与画面色调协调的用具用做道具，便将其装饰其中。展示的同学做出夸张的动作，组员对照着作品进行解读，小玉则帮忙补充。我适时地指正学生的美术术语。一堂本应是鉴赏课的"印象派绘画"就在同学们的欢声笑语中结束了。

之后，就有了开篇小玉送我零食的一幕。

20 世纪 50 年代后期，以瑞士心理学家让·皮亚杰的儿童发展理论为基础，美国艺术教育家维克多·罗恩菲德提出了美术教育的治疗的主张，开创了艺术治疗的新模式。20 世纪 70 年代，艺术治疗被视为提供了非语言的表达和沟通机会，可以协助改变人格或生活方式的一种方法，艺术治疗的研究范围也进一步扩大，包括绘画、雕塑、音乐、戏剧、舞蹈、园艺等领域。美术课在作业要求中，也包括创作和审美。最终，我们培养的是具有审美能力的合格公民，并且能够在生活中感受美，表现美。通过多样化的美术鉴赏教学活动，学生可以获得丰富的审美体验，提高欣赏、鉴别、判断、批评等审美能力，树立正确的价值观和健康的心理。

合　唱

——同一个声音，同一种爱

周红苇

说起北京师大附中合唱团，大家印象里是舞台上整齐划一的队形与歌声，是学校综合楼前偶尔闪现的惊喜，也是"一二·九"合唱节上那一抹亮色。合唱团汇集的是各个班级热爱歌唱的同学，同学们虽声线、秉性各异，但合唱让大家有秩序地集结起来，合作歌唱。团员们常说，合唱的乐趣只有身在其中才能感受得到，它化作多重的和声回响在耳畔，传递出真挚情感扎根于内心，我们不经意间便被打动，被鼓舞。这种力量不是开始就有，它离不开每位成员的全身心投入。2018 年的艺术节因我们的共同努力而刻骨铭心。

2018 年 3 月 25 日，上午 10：30，北京三十五中金帆音乐厅上台口的大门徐徐拉开，满怀兴奋与紧张，我们踏上了期盼已久的舞台。耳边响起熟悉的和声，我们用歌声拥抱彼此，原本狂跳的心渐渐踏实下来，爱让我们凝聚、沉浸其中。团员 Z 说："当我走出音乐厅的那一刻，脸上不自觉地就露出了笑容，那真是极其幸福的。"

对于学生来讲，艺术节的准备会从寒假前的集训开始，但对于艺术组的老师们来说，早在 9 月新学期伊始，合唱团就要招兵买马，物色好声音了。这项工作，老师们年复一年地做着。

经过初选，开学第二周，新团成立，总人数一度达到 90 多人，涵盖高

一、高二两个年级，生龙活虎的高一年级学生一入团便承载了"半壁江山"。他们中的大部分从未受过声乐训练，不少学生还不识谱，特长生的比例就更少了——每个年级不足五个，大家全凭对歌唱的热情聚到一起，如何把这支新生队伍训练成团结向上、能力扎实的优秀合唱团，是老师们一直在思考的问题。

齐之以刑，导之以德

必要的纪律要求、考核制度是合唱团管理的制度保障。"矩不正，不可为方；规不正，不可为圆。"第一次集体排练的重点便是让同学们了解团里的规章制度。入选合唱团，既是对同学们艺术能力的肯定，也让大家肩负起全员参与排练的义务和责任。

良好的考勤，是一个合唱团能够正常持续发展的重要前提。子曰："齐之以刑，导之以德。"激发学生内驱力，是保证排练良性循环的不竭动力。为此，合唱团采用"老带新，结对子"的形式，让新团员尽快融入新集体，借助老团员们直接的学习经验，帮助新团员更快达到训练要求。事实证明，这样的安排让各团员迅速打成一片，团员L在回忆入团之初时写道："这个集体让我明白了友谊与关爱，我和身边的团员由陌生走向熟悉，我们相互帮助，信任彼此，几个高二年级的学姐对我们更是关爱有加。内向的我也很快融入团队，与大家的相处轻松愉悦。"团员间的联结对于一个集体，尤为重要。

合唱团成立初期，面对每周两次课业以外的合唱排练，有新团员开始打退堂鼓。H同学有一副不可多得的好嗓子，他在音乐课上被老师"慧眼识珠"，破格选入了合唱团，一入团便担任了男高音声部的主力。他个子高挑，小麦肤色，是典型的阳光大男孩。就是这样一位声音很有潜力的学生，在入团两周后开始断断续续缺勤排练。同学聊起他："老师，H应该打篮球呢！""您现在去操场，肯定能逮着他。"果然，当我走进操场，靠近篮筐，看到 H 摸着头不好意思地走过来。我在与 H 的交流中了解到，除了确实比较喜欢打篮球，他缺勤排练的一大原因是他在演唱中遇到了困惑，产生了畏难情绪。了解到问题根源，我向他做了如下说明："对于高中团这样的混声合唱团，排练曲目有一定难度，要求学生学会运用混声歌唱，即真假声结合。而这项演唱技巧需要日积月累的训练，在练习之初，确实要经过一段不好听或者不太自然的演唱状态。"听完我的解释，H 豁然开朗。针对他在演唱中的问题，我和他约定每周三的中午，专时专用帮他辅导。经过一段时间的努力，他终于悟出了歌唱的小窍门，演唱时更加从容、自信，我也因为与他的交流增多，发现他更多可贵之处，建立起我们师生间宝贵的信任纽带。

合唱团是个大集体，需要制度约束使得"人合"，需要高质量训练做到"声合"，需要团员间团结有爱最终达到"心合"。全员倾注所爱，团队就有温度、有力量。

工欲善其事，必先利其器

恰逢比赛，不同以往，学生们除了扎实的演唱功底、精准的节奏音准，还要有不怯场的稳定心态。对学生最好的历练便是舞台。为此，合唱团积极参与学校各类艺术活动，策划举办多次校内快闪活动，并赴敬老院举行慰问演出，彩排训练、调整用声、准备服装、强调纪律……在一次次或大或小的舞台实践中，团员们明白了技术要求，学会了分工合作，协调配合，尤其是准备排练的过程令人感动。各组声部长，自觉帮忙把关组员演唱情况，将训练要求传递到位，落实每个人的每个音每句词。有些团员基础薄弱，音准不太好，声部长就热情地帮忙"开小灶"。当心怀热爱，一切都发乎内心，所有的努力都朝向同一个目标，那种向上的力量，带动着每一个人。团员们经过一次次历练，锻炼出越来越大方的台风，越来越沉稳的舞台发挥。

穷且益坚，锲而不舍

转眼，比赛进入倒计时，排练强度升级，对学生、老师都是不小的考验。团员们经常打趣说："你见过北京师大附中的星空吗？""晚高峰的地铁挤了三趟终于上来了。""我们不是来得最早的，但是走得最晚的。"排练进行到一半，Y学生提出了退团申请：不断升级的课业压力，高强度排练后的疲惫，让她产生了动摇。于是，我与Y有了下面的谈话："'种瓜得瓜，种豆得豆，取法乎上，得乎其中'，想要达到一个目标，往往需要我们付出几倍的努力。赛前的疲惫和压力是摆在咱们面前共同的挑战，人生路上还会有很多这样那样的挑战，这次咱不脱逃，迎难而上战胜它，今后再有类似的挑战，你也一定有勇气直面它！"听完这番话，Y同学目光闪亮。后来的某一天，她跑来找我："老师，咱们每次排练结束前唱的最后一遍总是最好听的，我感觉大家今天又进步了。"旁边的W同学说："最后一遍排练时，我偷偷看大家的表情，发现每个人都是享受的，大家仿佛成了这首歌的一部分。"我想，这应该就是坚持的意义吧。那段时间，对于学生们，对于我，都是不可多得的人生历练。

一个人做梦，只是梦；一群人一起做梦，就是梦想！最终，比赛在热泪盈眶中悄然落幕，现在回想，它带给我们的不只有成绩，更有坚持、努力、团结这些可贵的精神。R同学说："比赛不是结束，而是新的起点，它告诉我们努力就会有收获，激励我们不单单为集体，也为自己的进步付出更多的努力，完成许多看似不可能的任务与目标！"C同学说："这个奖是凝聚力的体现，3个月来，60个人总共付出了3000多个小时，我觉得这比单单一个奖更有价值。这种凝聚力很令人感动。"是啊，我们在并肩战斗,勇往直前时感受到集体的力量,它是坚持,是凝聚,是热爱,这才是最刻骨铭心的!

"种瓜得瓜,种豆得豆,取法乎上,得乎其中",最早听到这段话是从我师父那里,它勉励着我,也激励着合唱团的同学们。合唱团这样一个大家庭让学生们有机会共同见证一个个难忘的时刻,这些经历会化作团魂根植于孩子们的内心,它是不懈的努力,是全身心的投入与热爱,是团结与凝聚,不论哪一点,有所触动便是最珍贵的礼物。

有团员在赛后感言中写道:"我感恩拥有这段能永远珍藏在心底的时光,它告诉我们凝聚是什么,热爱是什么,一群人一起做梦是什么。相比于比赛时的热血沸腾,那与晚霞、与黑夜相伴的训练日里的一幕幕倒是更令我记得牢固。毫不夸张,合唱团给我了影响一生的锻炼。我明白了团结与集体,明白了敢于突破自我的勇气,明白了坚持也能成为一种习惯,这其中的欢笑、汗水、团结必将成为我的青春中无法割舍的一部分。"

汇聚同一个声音,表达同一种爱,合唱教会我们的是坚持、拼搏、团结与热爱,这种情感和记忆会珍藏在我们的心底,永留余温,激励我们尽情投入,勇往直前。

我要去苏州

——语文课中的美育

陈 瑾

一天，小明妈妈打电话跟我说起孩子的学习，也说起了上周末她家里发生的一件事——

周五晚上，小明妈妈边搜索网络边嘀咕："清明节就三天假，去哪里玩呢？"

小明从房间里拿着书就出来了："妈，你别琢磨了，这个清明节我们去苏州吧。我要去苏州。"

小明妈妈很诧异：每逢寒暑假，自己都会带着儿子去国外旅行，其他假期则在国内旅行，每次目的地都是妈妈说了算，小明从来没提过意见。难道儿子青春期了，闹独立了？于是她很谨慎地问小明："没问题啊，但你为什么想到去苏州？你去苏州，想看什么啊？"

小明挥挥手里的书，说："我们学《苏州园林》，老师讲得可美了。我觉得光听课不过瘾，想去看看。"

儿子竟然是为了学课文去苏州，小明妈妈高兴极了，赶紧说："好的，那我们去苏州！我来订高铁票，回头咱俩一起做个攻略。"

等小明回屋，小明妈妈悄悄打电话告诉我这事。

放下电话，我不由得回想起前两天我准备《苏州园林》教学的事。

遇上难题——爱上语文的方法是各种各样的

其实《苏州园林》我已经教过不止一次了，但是怎么让初二的孩子真正爱上这样的说明文是个难题。 之前一轮，我曾经尝试过用吴冠中的美术思想去帮助学生理解《桥之美》，效果不错，后来有学生去798艺术区看吴冠中的版画展，特意拍照给我看，还跟我说："我对江南的桥之美的理解好像更深了些。"又说："我太爱吴冠中了！"我当时心里还有些酸酸的，我这究竟是语文老师，还是美术老师啊？ 但是事后一想，孩子们开心，喜欢上语文课，能记得语文课学的知识，还能进一步去感受一些东西，也是好的。 起码孩子们开始爱上语文了，对吧？

我想，我不仅要教会学生阅读说明文，指导他们学会筛选信息，理解课文写了什么内容，也不能让学生因为说明文比较枯燥、理性而不喜欢语文，学生爱上语文的方式是各种各样的，我一定能根据这篇课文的特点，找到让他们进一步爱上语文的方法。 带着这样的初衷，我开始查找资料，认真备课。

峰回路转——确定学科美育的方向

一开始，我把查找资料的方向放在了叶圣陶身上，叶老是优秀的语言学家，他不仅创作了优秀的长篇小说《倪焕之》，我国的第一个童话故事《稻草人》也是他写的。 我在中学时还学过他的短篇小说《多收了三五斗》，说明文《景泰蓝的制作》。 既然叶老有"优秀的语言艺术家"之称，那么我是不是可以从他作品的语言特点入手，进行教学？ 我又想着能不能从童话对初中学生的吸引力方面下手展开课文。 但是，我总觉得别扭，不太合适。 毕竟这是一篇说明文，这些都不是这篇课文的教学重点。我仿佛一个进山游玩的旅行者，在绕来绕去的山路间迷了路。

我关闭了各种资料网址，又一次打开课本，仔细研读课文。耳边仿佛响起了很久以前，导师告诉我的一句话："语文学什么？读懂文章，学会表达，这是学科本质！"这句话，在我教学遇到困难时，常常成为我的指路明灯，指引我选择教学之路，陪伴我走到了现在。

我继续看着课文，看到我自己重点圈画出来的五个字"完美的图画"，我眼睛一亮，这不就是美吗？苏州园林美在何处？图画美。那我们就从美入手吧，虽然我不会画画，但是现在网络这么发达，总有方法能引导学生理解这种图画美的。

图文结合——带领学生领略苏州园林的图画美

吸引读者了解苏州园林之图画美，最好、最便捷的载体就是照片。我找出了学生时代穿着学生裙，在老家苏州的园林轩榭里拍的照片，我决定正式上课前放这张照片。上课前，我开始播放 PPT，甫一放出照片，教室里立马沸腾了。"这是老师吗？""老师年轻时好美！""老师在哪里拍的？风景那么美。""太美啦！"教室里一片惊呼声，要不是上课铃响了，学生能把讲台围个水泄不通。上课了，看到学生求知若渴的眼神，我告诉他们："照片里的确是老师，老师的家乡是苏州，照片拍的是苏州很普通的一个园林。在苏州，这样的园林起码有上百个。"

课文被顺利地导入了，学生们开始沉浸在苏州园林之美中了。借助耦园的图片，他们领略了苏州园林亭台轩榭的布局；借助留园的太湖石，他们明白了苏州园林假山池沼的配合；借助拙政园的小视频，他们欣赏领略了苏州园林花草树木的映衬；借助沧浪亭的镜子和漏窗，他们分析了苏州园林近景远景的层次。

我还引入了 2017 年北京市东城区初三期末考试阅读理解的文段及题目，跟学生一起讨论"与谁同坐轩"，这是苏州拙政园中的一个亭子，透过亭子的扇形窗户，可以看到旁边的笠亭及其周围的景物，也能让读者明白到底是如何运用借景手法，创造出苏州园林的图画美的。

这是一次连堂课，两节课之间学生根本不让我下课，他们深深地沉浸在了苏州园林的图画美之中。

手法多样——进一步拓展语文课美育的广度与深度

但是，仅仅教学生理解了课文中表现出来的那四点苏州园林的图画之美，够吗？我内心觉得从理解的广度上肯定是不够的，因为前面那些，都只囿于课文本身。

于是，我又设计了一个环节。在即将下课时，我打开一个视频，那是一个苏州评弹的伴奏。屏幕上是身着旗袍的婀娜少女行走于苏州园林之中，屏幕下，我伴着琵琶声声，唱起了秀美优雅，又不喧宾夺主的苏州评弹。同学们安静了。一曲终了，小明举手问道："老师，这是苏州评弹吗？看来苏州评弹在苏州园林里唱才能使园林之美和评弹之美相得益彰。老师，我想去苏州看看苏州园林。"我鼓励了小明的理解和想法，其他同学也纷纷表示要去苏州看看园林之美。

我趁热打铁："同学们，今天大家领略到了苏州园林之美，都想去苏州看看园林，这很好。想到出去玩，大家不要总是去国外，我们可以去看看祖国的大好河山，可以去品品祖国的悠久文化。"我又拿出了一本薄薄的小书，"同学们，如果你们去看中国各地的园林，包括苏州园林，可以提前读《梓翁说园》，这本书很薄，但是对中国园林之美的理解非常深刻。我建议你们带着这本书去苏州，看园林时翻翻书中评说，再自己动脑筋体味一下。回来后我们可以一起交流，大家说怎么样？"

下课后，学生们纷纷过来翻看《梓翁说园》，有的学生特意翻找书中对太湖石的解说，有的学生惊呼："书里还有说颐和园之美的。"还有的学生则对我说："老师，苏州园林真美，评弹也真好听。 老师，以后有好书，还要继续推荐给我们。"

拿着书本去旅行

小明妈妈后来打电话告诉我，去苏州前，小明特意让妈妈网购了《梓翁说园》，后来小明在苏州的三天里，几乎手不离书，到哪都翻开书对照看，嘴里常常念念有词。 小明妈妈还告诉我，这次出去玩跟以往有个不同之处，小明经常为父母解读景观，不管是园林的整体布局，还是一块太湖石的优劣，或者是一个漏窗的设置，他都说得头头是道，让家长也开始懂得了苏州园林的与众不同。

小明妈妈最后笑着说："这次旅行，我不仅觉得孩子长大了，还忽然觉得自己'没文化'，对园林之美的理解远远不如我的孩子。 另外，我非常喜欢孩子拿着书去旅行的做法。 谢谢您，老师。"

我笑着对小明妈妈说："感谢您的肯定，语文课也是传授美的地方。下次小明有可能会拿着《边城》去凤凰古城。"

从一堂课到一次旅行，从一篇课文到一本书，从语文学科到美育教学，距离看似那么远，其实那么近。 其实，美育不只是音乐、美术、舞蹈教师的专利，语文教师在学科教学中围绕学科本质，守住教育初心，放开手脚，发挥想象，潜心钻研，一样可以引领学生徜徉在美的天地之间。

阳光下跳跃的音符

况　莉

"咱们学校将作为北京市第一批学农试点校在 11 月初组织初二年级全体学生到郊区开展为期一周的学农活动。"学农的消息一传出来，老师、家长都心里上下打鼓。今天的孩子从小就养尊处优，平时连自己的房间都很少收拾，农业劳动，四体不勤、五谷不分的他们做得来吗？

原来劳动可以这么美

收拾行囊，装好被子、床单和洗漱用品，放下手机、零食——既然要学农，就要远离都市生活，来一次彻彻底底的体验。我原以为简单的物质生活和枯燥、繁重的农作劳动会让学生们厌烦，没想到却让都市里的孩子体验到了别样的快乐和美。

学扎染，学纺织，学生们通过老师的幻灯片看到了炫美的民间艺术和源远流长的丝绸文化。当一幅幅创意非凡的扎染作品由学生的双手从染缸里"变"出来，一条条雪白晶莹的蚕丝由他们的双手从蚕茧中"抽"出来时，他们仿佛就是那技艺高超的织娘，正在编织精美绝伦的作品。

学插花，做盆景，创作谷物画，学生们懂得了美术课讲的点、线、面结合，多样与统一，协调与对比等美学原理，悟出了数学课讲的黄金分割的奥秘，体会到中国山水园林的意境。待到那一枝枝鲜花绿叶变成一个个独一无二的造型艺术品，一颗颗绿豆、红豆、黄豆、黑豆变成一幅幅描绘美好生活的图画时，"好美"的赞叹脱口而出。

玉米地里，学生们把枯黄的玉米植株连根拔起，用重重的铁耙把地里的杂草连根铲起，又把堆得像小山一样的杂草推走，再抡起锄头沿着目测的直线从这头翻到那头，从那头翻到这头。终于，松软整齐的土壤一垄一垄地做好了准备，等待着冬小麦种子的降临。学生们相互瞧着那蒙着土尘、和着汗水的花脸哈哈大笑，共同畅想着来年丰收的情景。

除草耙地、挖沟施肥、垄田播种、清扫园区，一双双稚嫩的双手挥动起铁锹、钉耙像模像样，学生们穿着红蓝两色的校服，推着灰色的小车，扫着金黄的落叶，这一派热火朝天的多彩景象，绘出深秋的学农基地上一道亮丽的风景。

短短几天后，学生们对劳动的认识更新了。他们这样写道：

40(米)×40(米)×1.5(米)的土坑，我起初是多么小看这个工作量啊！但等我们真正抡起铁锹才发现，手臂是那么的酸，双手是那么的疼。当我看向大家热情的双眼，听到大家嘹亮的喊声，有一股无形的力量支持着我。加油！坚持就是胜利！

饼干浓郁的香味随着扑面而来的热气闯入我的鼻腔。这饼干是我自己做的，这令我感到自豪与满足。我将一个个图案可爱的小饼干放入口中，虽然味道并不那么美味，但这是我花了整个上午劳作的结果，是我的汗水的结晶！

学生们发现，劳动原来是这么快乐，这么美！

汗流浃背也是一种美

结束了一天的劳作，老师组织同学们写《学农日记》，进行小组总结交流。大屏幕上一个个专注劳动的影像闪过，被汗水浸湿的头发，被泥土弄花的脸，被铁锹磨得起了水泡的手，同学们这才看到劳动中的自己，嘴角不禁扬起微笑。初二（3）班的同学把学农的场景和收获改编成歌词：

> 天青色等风雨/几人在树底/汗水挥落田地/闪亮如玻璃/欢笑声飞扬衣襟在田间飘起/劳动最惬意。

初二（7）班同学深情地写下诗歌与感言：

> 镰刀和锄头，曾是图画与概念。玉米和秸秆，曾是岁月与流年。不谙世情劳苦的孩子，如今克服的不仅是困难。难扛扁担耕犁的肩膀，如今背负的不仅是铁锹……五天来空乏身心的辛苦劳作，告诉我们要吃苦耐劳、坚韧不拔，这是北京师大附中学子之勤。五天来共同劳作的互助过程，让我们学会要担起责任、拥有勇气，这是北京师大附中学子之勇。

原来，汗流浃背也是一种美！

学生们参与劳动的热情高涨，学校也趁热打铁，利用晚自习时间请语文、历史、艺术三个学科的老师联合设计，为他们进行了三场与劳动有关的讲座："文学艺术与农业""我国历代农业的发展""民歌的产生与生产劳动"。学生们在古典诗词中聆听先民劳动的歌声，望见他们辛苦劳作的身影，感受中华民族热爱劳动的传统美德；从历代农耕器具的变化窥见农业生产的大发展，看到我们这个以农业为基的民族如何一步步走来。学生们最没想到的是，音乐艺术最开始也产生于生产劳动，那节奏鲜明、铿锵有力的劳动号子，是劳动人民与自然搏斗过程中产生的最早的精神艺术之花，表现出劳动人民的乐观精神和大无畏的英雄气概。

学生们更加觉得自豪，不禁纷纷填词改编，喊起了自己的学农号子：

> 同学们呀么嗨嗨，齐动员呀么嗨嗨，奔赴农职院，西里里里，嚓啦啦啦，嗦罗罗哎，去学农呀么嗨嗨……挥起锹呀么嗨嗨，舞起镐呀

么嗬嗨,挖沟又施肥,西里里里,嚓啦啦啦,嗦罗罗呔,一起干呀么嗬嗨。扫落叶呀么嗬嗨,清园区呀么嗬嗨,累并快乐着,西里里里,嚓啦啦啦,嗦罗罗呔,汗水流呀么嗬嗨。学农苦呀么嗬嗨,学农累呀么嗬嗨,收获了成长——一!二!三!四——心里美呀么嗬嗨。

劳动让美延伸

一周的学农生活结束了,学生们恋恋不舍地离开学农基地。他们把自己制作的插花、微盆景送给前来迎接的爸爸、妈妈,鲜花映衬着一家人发自内心的灿烂笑颜。

回到家后,学生们开始自己叠被、洗衣、收拾房间,有的还露了一手厨艺,做肉龙、传统小吃驴打滚,给爸爸、妈妈一个惊喜。家长们纷纷在朋友圈里晒幸福时刻,表达对学农的感谢:

> 儿子学农带回的插花,虽然花泥已碎,花蕊渐蔫,但全家人看着都挺乐呵的。我们给插在爷爷奶奶的房间里了,大孙子第一次制作的作品可要好好摆几天。

> 感谢老师、感谢学校!让孩子们走出校园,来到一个全新的环境,学到了教室里学不到的东西,锻炼了孩子们的动手能力,体验了劳动带来的快乐!

回到校园后,学生们浪费粮食的现象少了,认真做值日的多了。大雪之后,学生们主动清扫校园路面和操场积雪;主动承包清理教学楼道的墙面,为墙壁"洗脸";主动按班级顺序轮流到食堂做卫生,清扫地面,擦拭桌椅;主动提出做志愿者,帮教师清洗试管,打扫机房,帮教师办公室更换打印纸。

新年联欢会上,学生们自发地改编歌曲,对辛勤的保洁阿姨、保安叔

叔、食堂伯伯表达感谢。 是学农让学生们体会到了劳动的价值和劳动的崇高意义。 学生们在日记中写道:

> 无论是曾经,还是将来,学农都是一份美好的期待,一次深情的回首。
>
> 学农那些事儿,会永远永远、深深地留在我们的脑海中,留在我们的青春里!

正像学生们在学农基地播撒下的小麦种子一样,学农活动在他们心中播撒下的"劳动创造美好生活"的种子,正在悄悄地生根发芽。

劳动最光荣,劳动最崇高,劳动最伟大,劳动最美丽。

劳动,是人类最原始、朴实的美学。 热爱劳动的人,会散发出动人的光彩。 感谢学农,感谢劳动,给了孩子们最质朴、真实的美。

奔跑中的洗礼

康 毓

由于家庭、学校、社会等各种因素的综合影响，部分青少年身体素质下降，意志品质薄弱。 这一点在日常的教学、生活中都有体现。 在日常生活中，部分学生意志力不够，难以高效、持久地完成一件事；同样在体育教学中，这些学生的畏难情绪严重，在完成练习或者测试时总是跑跑停停。 我常常见到这样的场景：学生在练习中感到累了，就逐渐放慢速度，甚至索性停下来，慢慢悠悠开始散步。 意志力的薄弱成为制约这部分学生体育成绩提升的关键因素。

我在个人体育运动、体育训练的经历和长期的教学实践中发现：中长跑特别能锻炼学生们的意志品质。 在保证安全的条件下，"迫使"学生一直保持一定的速度奔跑，或在较冷的环境下坚持跑步，或挑战长距离的跑步等方式，都有利于提升学生中长跑成绩、锤炼学生的意志品质。 所以，我也有意识地在教学中通过这三方面的练习来发展学生的意志品质。

授人以鱼不如授人以渔

"老师，我这成绩怎么办啊，中考能拿几分啊？""老师，您为什么能跑那么快，有什么诀窍吗？"比较长的一段时间内，冯同学的800米跑保持在4分30秒至4分40秒之间，停滞不前。 到了初三的成绩冲刺阶段，学生和老师都心急如焚。

在尝试了多种教学方法，始终无果后，我对她说："我带你'飞'一把吧，让你体验一下接近满分的配速。"于是，我采取了用弹力带牵引跑的方法带冯同学开始了这项"实验"。我以一定的配速，用弹力带拉着她完成 800 米跑（操场跑道 4 圈的距离），途中我不断观察她表情的变化，听她的呼吸声。刚一开始，我便以自己 60%～70% 的速度起跑。"这么快啊！"——这是她的第一反应。"不快，这是一圈 45 秒的配速，先把这一圈跑下来再说。"就这样我带着她跑完了第一圈，低头一看表，正好 45 秒。第二圈伊始，我激励她说："你没问题的，跟着这个速度再跑一圈。"第一圈完成给了她很大的信心，她给了我肯定的回复；第二圈跑完用时 1 分 40 秒，这是她 400 米最好的纪录了。这时候我"骗"她说："跑完一半了，用时 1 分 50 秒，剩下两圈，只要坚持每圈用 1 分钟，你就能创造最好成绩了。"满怀着渴望与期待，她继续保持速度紧跟着我。第三圈跑到一半时，她喊道："老师，我坚持不住了。""不行了，老师，我跑不动了。"她的速度明显降了下来。我回头观察，根据她的面色、呼吸，结合以往经验来判断，她还能跑，只不过因为有点累，所以她想放弃了。我佯装有些生气，提高声音，依然鼓励她："坚持了一半多了，难道要放弃吗？再坚持一下，跑完这圈。"在第三圈剩下的半圈，我一直不停地暗示鼓励她，第三圈跑完，她用了 2 分 40 秒，看到秒表上显示的时间，我比她更激动，眼眶有点湿润。开跑前我的预判是她能跑到 4 分钟之内，没想到竟然确确实实要刷新纪录了。只剩一圈的她似乎信心百倍，我看到她下意识地加快了一点点速度，但没过 50 米，速度就慢下来了。"加油啊，就剩最后 100 多米了，这圈可以稍微慢点，但不能慢太多，争取刷新自己的纪录。"最后一圈，她数次想停下来走一走，每当有这个苗头，我就不停鼓励暗示，最终我们师生二人以 3 分 34 秒完成了这次实验。"你猜你跑了多少？"我按捺不住激动的情绪。"不知道，但应该比之前要好。"她大喘着气笑着说。我把秒表拿到她眼前。"哇！"小姑娘瞬间叫了出来，异常地激动，眼睛里都在放光，"其实也没那么可怕啊！"她继续说道。"太厉害了吧！""3分34秒？"周围的同学既诧异又惊喜。"非常棒，你不光取得了最好成绩，而且在过程中战胜了自己。"我想是坚持不懈的意志点燃了这场胜利的火把。

此后，我又持续对冯同学进行了追踪调查。该生将跑步的经历挥笔成文，跑步时细腻的心理活动与感受跃然纸上。据她自己描述："一提到跑800米，我整个人都是崩溃的。一想象到800米途中的痛苦，我就从思想上打退堂鼓。但是中考的威严让我别无选择，我必须强迫自己，靠意志品质坚持下去。""在体育中，我学会了'逼迫自己'，战胜自己，'坚持''顽强''信念'等体育精神，它们让我在生活的方方面面获益匪浅。当我在自习时出现懒惰的情绪，不想复习时，我都会告诫自己我曾经战胜我自己，我能成为自己的主人。于是我命令自己现在必须放下手机，立刻开始学习。久而久之，我往往能够迅速做出决定，这给我带来了无限的自豪与快乐，我尝到了'自我战胜'的乐趣，我甚至觉得我又和那些优秀的学长学姐，伟大的名人更近一步了。"据班主任反映，此后冯同学较之前有了非常明显的进步，她能更高效地完成学习任务并给予老师反馈。

800米跑一直是大多数中学女生的噩梦，800米跑考验学生的速度耐力，即在一定的速度基础上的耐受能力。教学中，学生成绩难以提升，一定程度上是意志品质的因素，学生难以坚持，累了就想减速，以至于影响成绩，怎样使她们能保持一定的速度完成固定距离的跑步，老师们也伤透了脑筋。在尝试了不少方法之后，我最终觉得牵引跑是一个不错的办法，即一个速度相对快的学生或老师利用弹力带牵拉这一个速度较慢的同学跑，"迫使"其在跑动过程中保持着一定的绝对速度。这种陪伴式的教学，让学生在克服心理畏难情绪的同时，最大限度地发现了自身的潜能，并能正迁移到之后的其他学科的学习之中。我想教育的力量也正是在此，授之以鱼，不如授之以渔，教师推动学生发掘自身潜能，给予战胜自我的力量，并有效地助力之后的成长。

数九寒天磨意志，锻钢淬火砺精兵

"好冷啊，这么冷还上操啊！""好冷啊，老师咱们回班吧。"2020 年最后一周，号称是 2020 年最冷的一周，第一天上课间操时这样的声音不绝于耳。 当然也有不同的声音："我们又不是温室里的暖宝宝，干吗总得待在室内？""你们懂什么，这才锻炼我们的意志品质！"受到一些人的感染和老师的鼓励，大家第一天都坚持了下来，第二天，第三天……初三年级都按时到操场上体育课，照常进行课间操跑步。 课间操我们要绕着教学楼完成 5 圈跑步，体育课我们也要顶住严寒完成 10～15 圈跑步。 主管初三年级教学工作的张主任也为孩子们点赞：这意志、这精神，真棒。

好多人都在问歇一天、两天、一周能影响什么？ 其实，冬季跑步不仅能锻炼身体，更能磨炼意志。 "数九寒天磨意志，锻钢淬火砺精兵。"越是在寒冷条件下跑步，越能看出一个人的意志力，春暖花开的时候选择去跑步，这算不了什么，因为那是多数人的选择；冰天雪地去户外跑上一跑，敢于走出自己的舒适区，那才是一种勇气。 冬季若能一直坚持跑步，不仅仅意味着掉几斤肉，更意味着在瑟瑟寒风中磨砺意志，让自己的心灵如沐春风。 我们是这么想的，也是这么做的，所以冬季长跑成了我们每年甘之如饴的运动方式，数十年始终不曾倦怠。

敢乘长风破万里浪

2021 年伊始，我们又进行了一项新的挑战，带领初三的 3 个班女生在校园里跑了她们人生中第一个 5000 米，当然这样的挑战是基于对学生学情充分了解，在之前 1000～4000 米跑的练习基础上进行的。 刚宣布课堂任务与要求时，学生们的抱怨和情绪就来了："啊？ 不会吧，5000 米是跑几圈啊？""不会真跑 25 圈吧。""这是'魔鬼'课吧。""魔鬼课""地狱课"是学生一直以来对中长跑课的戏称，有的因为累，有的因为难受，有的因为恐惧。 "这样的练习有助于大家提高耐力，是一种挑战与突破。"在思想教育与激励动员后，学生开始了 5000 米跑步。 队伍的前面有一位老师在领跑，队伍的后面是另一位老师在督促，前 3000 米没出现什么意外，因为大家已习以为常。 3000 米结束后，"老师，还有多少圈？""10 圈。""我的妈呀，不会吧，还有那么多啊！""大家加油，咱们已经完成五分之三了，坚持住！"老师和学生就这样"你来我往""你问我答"，最终 37 人完成了 5000 米跑。 除了几个自动退出的同学，其他大部队人马咬咬牙都坚持了下来。 "这是我的第一个 5000 米，也是最后一个 5000 米了，再也不跑了。""我竟然坚持下来了，好棒啊，哈哈哈！""哎，这或许就是人生吧。"跑完之后的拉伸时间成了她们精彩的吐槽大会。 我总结说："不管你以后是否还会跑 5000 米，都请你记住你的这次 5000 米，面对这么长的距离，面对跑 25 圈的恐惧，你坚持下来了，多年以后它依然会让你热血沸腾，简单而纯粹、坚强而执着。 也请记住，跑的过程中，在你坚持不住的时候保有的那份执着，于跑步、学习、生活，都将是你人生中不可多得的宝贵财富。"

近几年来，马拉松大热，跑马的人也越来越多，诸多研究表明，长距离跑对人的意志品质是极大的锻炼。 在长距离跑的过程中人必须靠自己努力度过疲劳期，当极点出现时，更得通过自己强大的意志品质去克服。 除此之外，长距离跑过程中还需要忍受漫长跑步中的枯燥，这也是对意志品质的考验与磨炼。 让学生长跑，敢于带学生长距离跑，北京师大附中体育在不断突破，始终坚持。 北京师大附中的操场也是北京师大附中的课堂，我们始终坚持育体、育心、育人三育一体，把促进学生健康、增强学生体质、养成健全人格放在体育教育的首要地位，坚持实施全人格教育。

体育教学中这样的例子不胜枚举，在教学中我们发现：优秀的意志品质有利于提升中长跑成绩，同时，中长跑练习也有助于提升学生的意志品质，二者相辅相成。 在和班主任老师、学生家长的沟通中我们也不难发现，班主任和家长认为意志品质强的孩子中长跑成绩更好，意志品质比较差的孩子往往中长跑成绩也比较差。 立足于一个人的人格养成和长期发展，中学的中长跑练习也不仅仅是提高中考成绩、强健体魄，更是对意志品质的培养，好的意志品质在人的一生中有方方面面积极的影响。 我自身也是一名长跑爱好者，现在我每周坚持跑两个 5000 米，并不是跑完步人能有多舒服，而是比较喜欢跑不动时还想再坚持的那种感觉，那是一种无以言表的感觉，简直妙不可言。 这种难能可贵贵在坚持，贵在不想坚持的时候还在坚持。 在这里没有半途而废，累的时候还能坚持，不想跑的时候还在跑，或许这才是真正长跑者的思维，也是强者的品质。

我们的教育坚持"立德树人"，培养德智体美劳全面发展的社会主义建设者和接班人。 那么我们在教学中也不能仅仅关注成绩，更应该重视学生意志品质的培养，让学生在体育锻炼中享受乐趣、健全人格、锤炼意志。 期望学生将体育运动中表现的、培养的这种品质迁移到学习生活中，让自己成为新时代的新人。

"立人"的体育

朱　立

某年暑假，我在朋友圈看见以前的学生昕洋正在骑车环游西藏，我在叮嘱他注意安全的时候，脑海里突然浮现出昕洋刚上初一时的样子，以及我们师生间教与学的点点滴滴。

教过初中的老师都知道，初一时由于学生的身体发育不同，学生们的身体素质相差甚远，有的男生身高 180 厘米以上，有的却只有不到 140 厘米；有的学生比老师还有劲，有的学生却让女生追得满操场跑。 昕洋入学时身高 150 厘米、体重 60 千克，他算是身体综合素质较差的男生。 由于身体比较胖，他在 1000 米长跑考试上基本得不到分，体育课的成绩一直很一般。 但他十分喜欢篮球，我经常看见他活跃在篮球场。 可以说，他对体育是"又爱又恨"的。

会赢，也要会输

一年一度的篮球比赛就要开始了，学生们无论是在篮球课上，还是在课后篮球训练当中都充满了热情，准备活动、技战术练习和体能练习时都特别认真。 我抓住了学生们喜欢篮球的特点，结合实际，给昕洋所在的二班制定了一套小、快、灵的打法，在课上、课下强化每个人动作技术的规范性和合理性，强调集体配合，不搞"球星"战术。 二班在决赛中面对的是拥有"初一第一球星"小昊的三班，比赛进行得非常激烈，但由于学生们平时进行了刻苦练习，比赛时有集体的良好发挥，最终经过加时赛后，以 34∶30 战胜了个人能力十分突出的三班，获得了篮球比赛的冠军。赛后学生们疯狂庆祝，抱成一团，哭得一塌糊涂。昕洋作为队长捧起奖杯的那一刻，传来了二班全班同学整齐、一致、有节奏地呐喊："二班是冠军，二班是冠军……"

赛后的第二天，我和昕洋在体育课上谈起了篮球比赛的感受，他说："这种感受太奇妙了，全场落后的情况下，我们在最后一秒扳平比分，又在加时赛绝杀对手，最终取得冠军。我代表全班捧起奖杯的那一刻，感到无上光荣。"

两年后，昕洋已经是初三年级了，身高刚刚 165 厘米，体重已经达到了 75 千克，由于昕洋太胖，他的 1000 米跑成绩始终不理想，令昕洋的体育成绩在班内始终处于中游，达不到 30 分满分。

每年 10 月底都要进行全校运动会，我为了锻炼昕洋的长跑能力，提高他的成绩，在初三刚开学的时候就把昕洋叫到办公室，让他报名 1500 米跑的比赛。昕洋眨眨眼，然后略带不满地说："朱老师，您让我参加最长的 1500 米跑那不是难为我，让我上去丢人现眼吗！"我很严肃地给他讲了羽毛球名将李宗伟的故事，并且鼓励昕洋要向李宗伟学习——即使仅得了三届奥运会羽毛球亚军，但因为战胜了自己，他仍旧是马来西亚的民族英雄。我推荐他上网查看李宗伟的传奇故事。过了几天，昕洋跑进我的办公室，对我说："我也要学习李宗伟的精神，即使实力不如林丹，但也绝不怕林丹，不轻易低头认输。"我顺势启发昕洋："也许你这一辈子也跑不过你们班的体育委员逸豪（他在初一、初二两年都获得运动会的 1500 米跑冠军），但是你可以通过自己的刻苦练习，缩小和逸豪的差距，只要你与他不落下 200 米的距离，你输得就不难看，大家就会为你欢呼，你仍旧是胜利者。"

昕洋特别实在，也很刻苦，同时对自己有股子狠劲，他无论是课上的长跑练习，还是课后的加练，都练得特别刻苦。我每天早上 6：50 就能看见他奔跑在操场上，放学后他也会约上几个同学一起练习长跑。时间一点一点地过去了，9 月、10 月短短不到两个月的时间，昕洋的长跑成绩有了很大的提高，虽然 1000 米还是没有达到满分，但是相比他以前的成绩，我已经很满意了。

10 月底，运动会如约而至，在初三男子 1500 米跑的赛道上，原定的十几位选手到最后只有七位选手站在起跑线上（1500 米跑在孩子们看来是比较艰苦的，很多同学报名后弃权了）。昕洋略微肥胖的身躯显得那么与众不同，但是昕洋确实没有让我失望，他跑得特别认真、卖力，虽然他和冠军逸豪距离相差很大，虽然他最后只取得了第七名，但是全班同学都给他鼓励，都为他自豪，当他用尽全身的最后一点力气冲过终点，一下子跌倒在接他的同学的怀里时，全场爆发出了雷鸣般的掌声。全校师生都看到了他是如何挑战 1500 米跑这个最难的项目的，并且还看到他很出色地跑完了全程。

赛后，我碰见昕洋时特意对他挥了挥手，并且做出了攥拳的姿势鼓励他，他也对我喊了一句："我努力了，我完成您交给我的任务了！败者为王！"

竭尽全力获得冠军才光荣

通过自己的努力，昕洋在初三第二学期开展的中考体育现场考试模拟测试中已经可以获得 29.5 分了，按照中考体育考试的规则，四舍五入计分，就是满分 30 分。他只有 1000 米跑没有获得满分，按照他的身高和体重情况，这算很不错的分数了。这时，我发现他上课练习的积极性差了，练习时会松懈了，他总是保留体力以便不影响文化课学习。发现了这个苗头后我把他叫到办公室，给他讲了中国女排队在1981年世界杯第一次夺冠的故事："当时中国队和日本队比赛，赛制原因，只要中国队赢日本队两局就是世界冠军，所以当中国队赢了两局后，队员们就开始松懈了下来，心想反正已经是世界冠军了。之后中国队便连输两局，并且在决胜局14∶15落后，日本队再拿一分就将取得比赛的胜利，这个时候当时的主教练袁伟民叫了暂停，说了让郎平等众国手一辈子难忘的话：'你们不要以为自己已经拿了世界冠军就松懈了，如果你们输了这场球，你等于做了"夹生饭"，没用全胜拿世界冠军，最后输给了日本队，算小分拿了世界冠军，并不光荣。'比赛重新开始后，女排姑娘们奋起直追，最终以17∶15反败为胜，七战七捷，以无可争议的实力取得了世界冠军。"昕洋很认真地听我讲完了故事，眼睛里透出坚定的眼神，在剩下一个月的练习过程中，他真的像变了一个人一样，训练更加刻苦，体重也减到了不到135斤。功夫不负有心人，昕洋终于在5月的体育中考中取得了30分满分的成绩。考试那天，我隔着铁栅栏，远远地看着田径场上皮肤黝黑的昕洋，他脸庞挂着满意的微笑冲我招手，我特别为他感到自豪。

中考后，昕洋被非常优秀的中学录取了，我们一直通过网络或电话联系，三年以后，高考成绩出来后，我第一时间询问昕洋考了多少分，昕洋说考了不到650分。我略感遗憾地劝慰了他几句，他却反过来对我说："朱老师，我尽力了，该做的我全做了，这个分数我不觉得是遗憾，它对得起我的青春。不是只有上清华、北大的人才是好学生，我不是一个失败者，我很满意。"

我想，在现阶段，我们的体育教学更多的是把"体"当作健康的概念传授给了学生，却忘掉了"体育"中的"育"是更为重要的。我的朋友圈中，有人转发了鲁迅于《这个与那个》中写的一句话，我也深以为然："我每看运动会时，常常这样想：优胜者固然可敬，但那些虽然落后而仍非跑至终点不止的竞技者，和见了这样的竞技者而肃然不笑的看客，乃正是中国将来的脊梁。"

赛事众多，赢者寥寥。如奥林匹克，真正能得世人铭记，走入大众视野的，唯有几人而已。人人都只记得第一名是谁，大多不会记得第二名是谁。事实上，很多时候，其实我们心中的"失败"，并非来自自身的判断，而是来自世俗的标准。

如果不参加运动，一个学生可能很难切身体会究竟什么是团队精神，到底应该如何与人协作。在运动中，学生可以学会与人一同面对失败，又随时准备力争胜利，而这些非体育教育所不能成。体育课不是一个简单的运动参与，它是"育"，是教育的一部分。它可以教会学生学会团结与竞争，可以让学生体会受挫与胜利，这些正是当代青少年尤为需要体悟和学习的。

后 记

况 莉

在北京市中心琉璃厂旁的南新华街 18 号，有一座古朴别致的校园，这里每天都在发生着平凡而动人的成长故事。面对时代变迁带给教育的诸多挑战，我亲爱的同事们，特别是辛勤的班主任们，始终满怀对教育的理想、初心和对学生的真诚关爱去耕耘，去创造。他们或年轻稚嫩，或经验丰富，或朴实守正，或富于创新，都在日复一日的平凡工作中践行着我校全人格教育理念，引领、陪伴、成就着一批批学生的健康成长。本书就是将他们的所思、所感、所言、所行记录下来后编辑而成的。谨以此书献给亲爱的北京师大附中 120 周年华诞，为她在新时代的全人格教育留下生动注脚。衷心感谢她用全人格教育的光辉，普照了一代又一代学子的心灵，丰润了教师的思想与生命。感恩有幸加入北京师大附中，与她血脉相连，与一群志同道合、才华横溢的伙伴携手同行、共同奋斗。

本书的成形要特别感谢学校主管德育工作的梁原草副校长。正是学校几任领导班子对全人格教育的继承和创新，以及梁校长十几年来对学校德育工作的具体规划和建议，才令我校德育工作在新时代的探索思路和创新方向得以初步形成。本书的题目来自梁校长在 2008 年提出的我校班主任工作核心理念——引领、关怀、启发、激励，内容的组织紧密围绕"价值观教育""班级文化建设""学生自主管理""生涯规划和心理健康教育""美育、体育及劳动教育"，即我校德育工作的重点和特色展开。书中的每个章节都以梁校长在启动相关工作时的论述文章为总起。 可以说，本书是以梁校长为代表的我校德育工作者思想和智慧的结晶，梁校长对本书的编写给予了很多指导与帮助，在此表示衷心感谢！

在此还要衷心感谢北京师范大学出版社的编辑老师们对本书的编写思路提出许多宝贵意见和建议，他们多次反复和我们沟通，并认真细致地审稿，让这些故事充满教育的情怀和时代的灵动。 感谢北京师大附中的李凤老师、王海娜老师和学生处的各位老师帮忙收集整理初稿，于渊、张成斌、李凤、胡平等老师参与本书雏形和编写框架的讨论。

"百年恰是风华正茂。" 在附中迎来她的双甲子之年时，让我们一起再启航。